旧国名《きゅうこくめい》と境界《きょうかい》

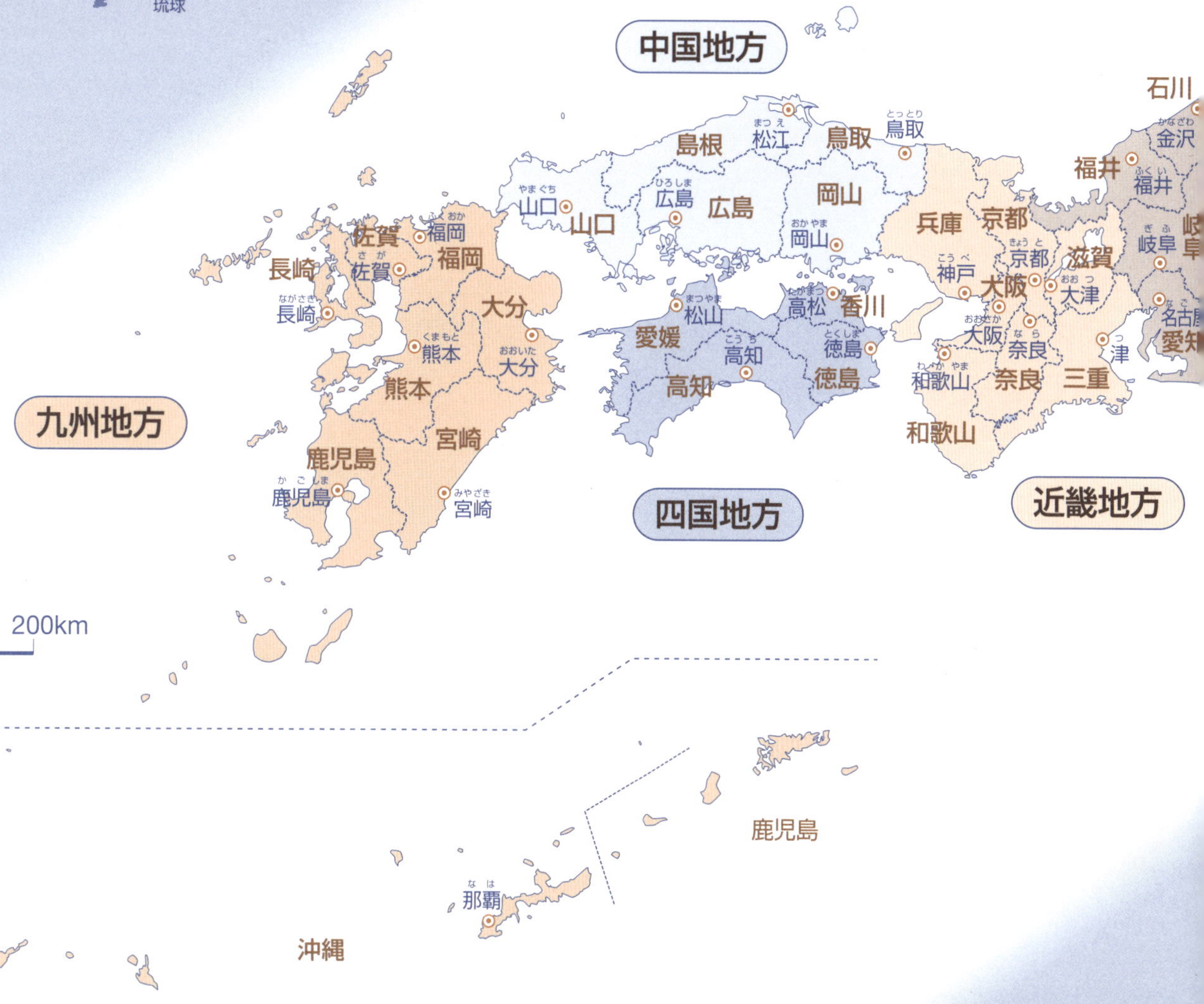

地名を味わい、楽しもう

国立松江工業高等専門学校教授　黒田 祐一

「渋谷《しぶや》へ行く」「富士山《ふじさん》に登る」「琵琶湖《びわこ》を見る」――。わたくしたちはふだん、何気なく、さまざまな地名を口にしています。「地名」とひと言で言っても、街の名前も山の名前も、川や湖の名前もあります。では、地名とはいったい、何でしょうか？

かんたんに言うと、人びとが暮《く》らしていくうえで必要があって、地球上のある範囲《はんい》や地点を、ある名前で呼ぶ。これが地名です。国や市町村や郵便局《ゆうびんきょく》がリストにまとめたり、地図などにのっていたりする公《おおやけ》のものだけではありません。ふだん、わたくしたちが身近な場所などを呼《よ》びならわすのに使う名前もりっぱな地名なのです。わが国には数百万にのぼる地名があると言われています。

長い歴史のなかで、人びとはあらゆる土地や海や川に名前をつけてきました。土地の高低や形、使い勝手の良さ・悪さ、作物との関わり……。身近なものにたとえたり、重要な施設《しせつ》の名前をそのまま使ったり、その土地が栄えるよう願いをこめたりと、もとになった思いはさまざまです。

だから、地名からはいろいろなことがわかるのです。まるでタイムマシンに乗ったように、その土地の自然のようすや歴史、昔の人びとの暮《く》らしぶりなどが、わずか数文字の地名からあざやかに立ちのぼってきます。いまなお新たな地名が生まれており、それは未来の人びとにとって、やはりタイムマシンのような役割《やくわり》を果たすことでしょう。

このシリーズでは、全国的に、または地域的《ちいきてき》にありふれた地名を取り上げ、そこにこめられた人びとの思いをさぐります。第１巻《かん》では地形を中心に自然に関する地名を、第２巻《かん》・第３巻《かん》では人びとの暮《く》らしに関わる地名をそれぞれ取り上げます。第４巻《かん》では歴史にちなむ地名を、第５巻《かん》では地名のイメージがどのようにかたちづくられるのかを説明します。あなたの興味《きょうみ》のあるところから読んでみてください。また、具体的な地名について調べたいときには、各巻《かくかん》のもくじや第６巻《かん》『総索引《そうさくいん》』を参考にしてください。

地名は、あなたのふるさとをもっと深く知るための、すぐれた手がかりです。このシリーズをきっかけに、過去《かこ》の人びとがどのように自分のまわりの世界をみてきたのか、そして、いまを生きるあなたの目に、まわりの世界はどのように映《うつ》っているのかを、いっしょに楽しみ、考えてみませんか。

身近な地名で知る日本 1

地名で知る自然

黒田祐一 著
（国立松江工業高等専門学校教授）

小峰書店

もくじ

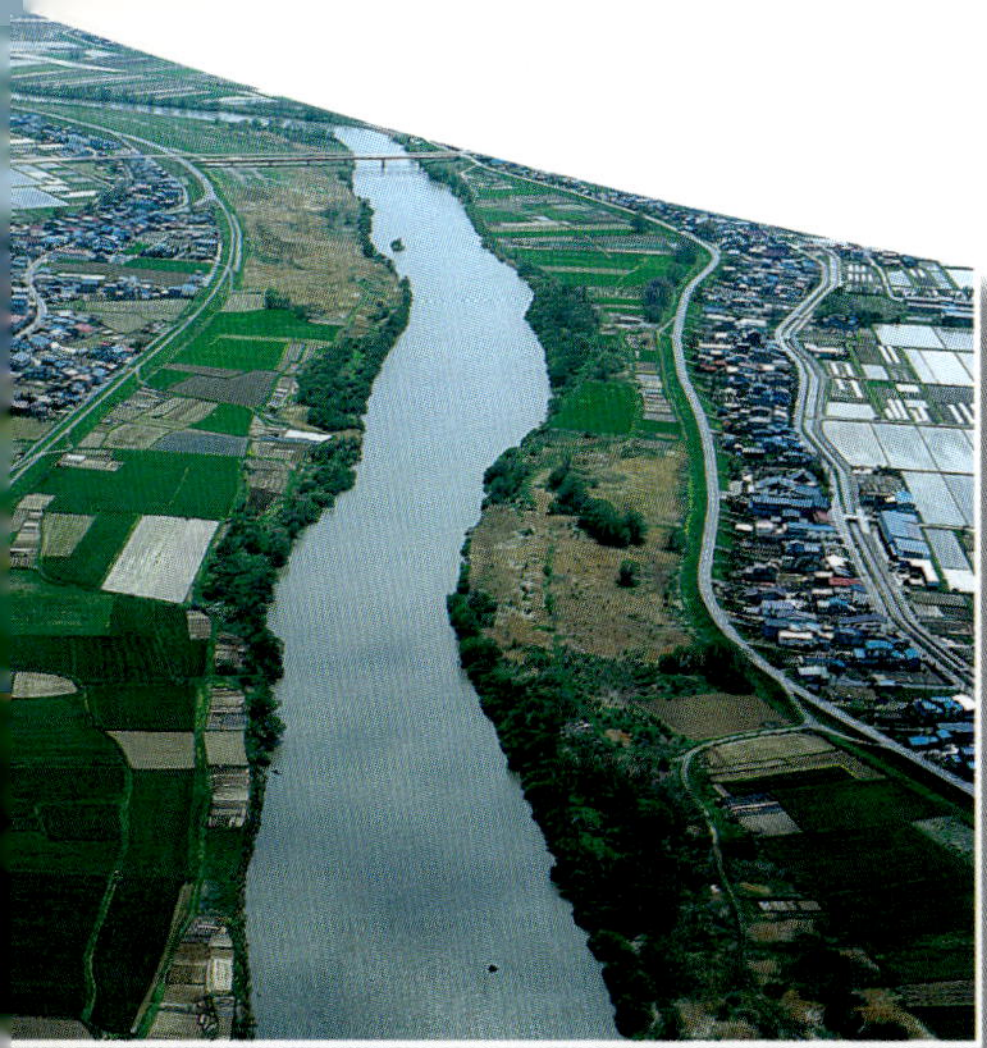

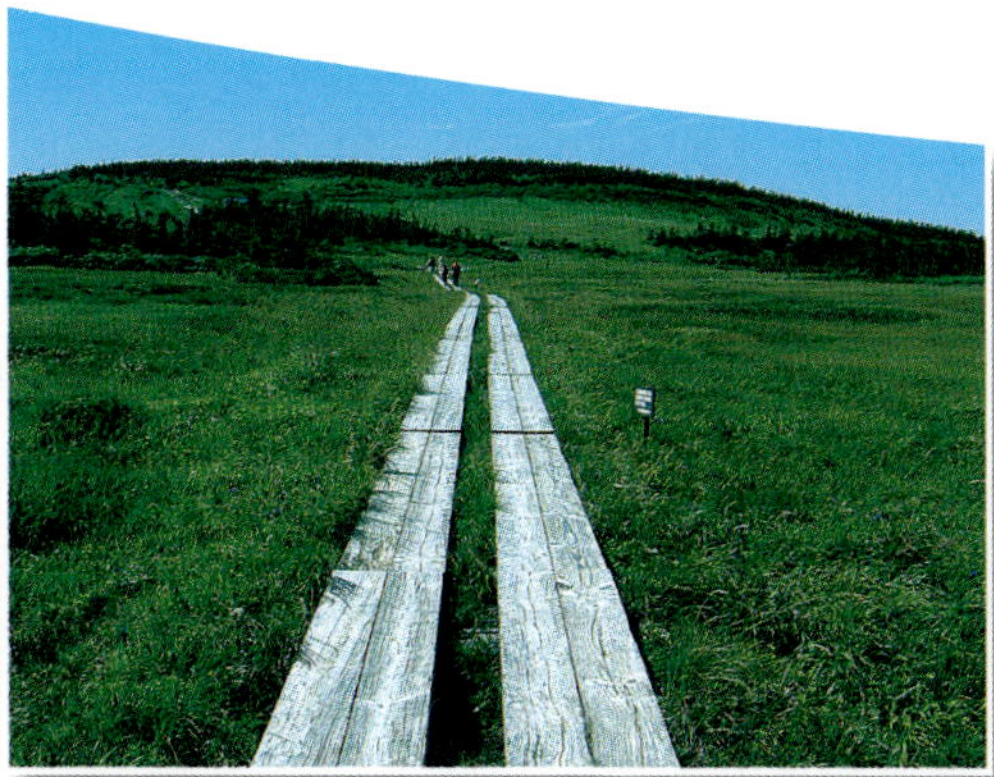

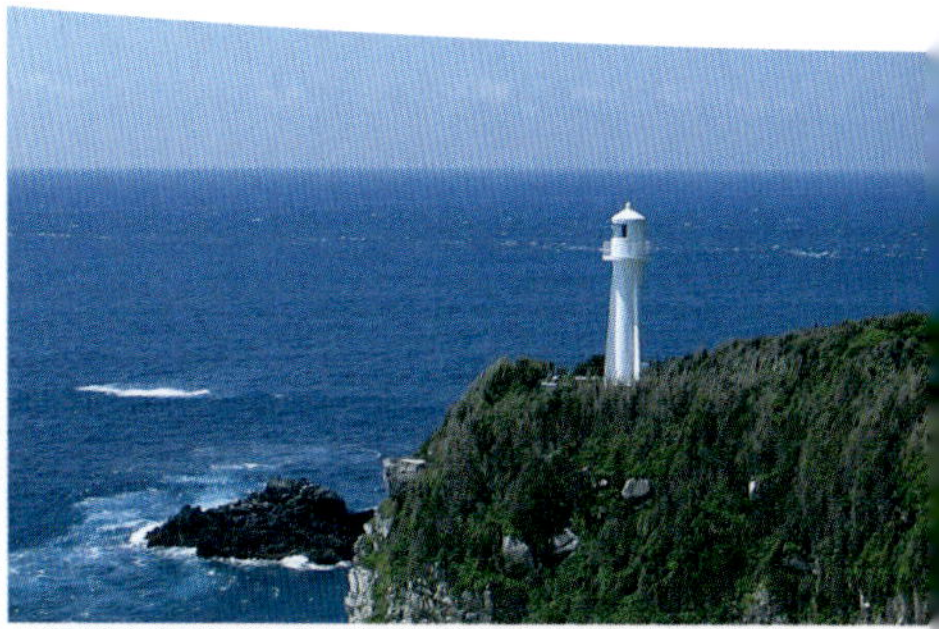

コラム

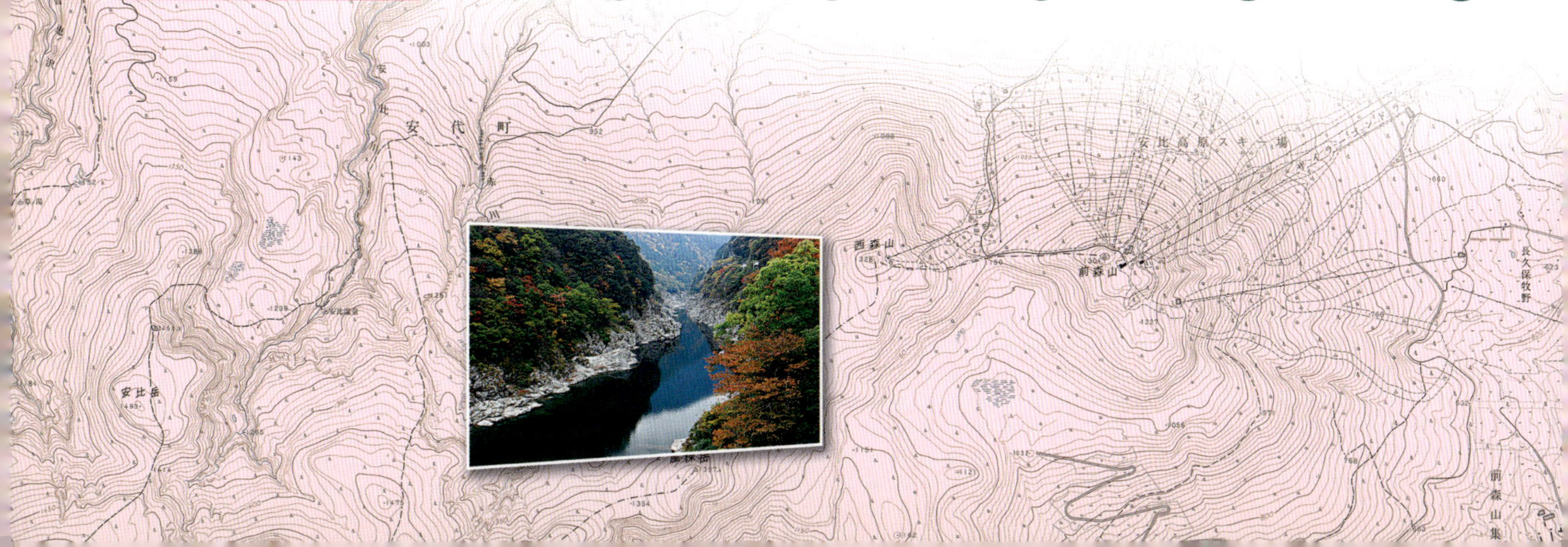

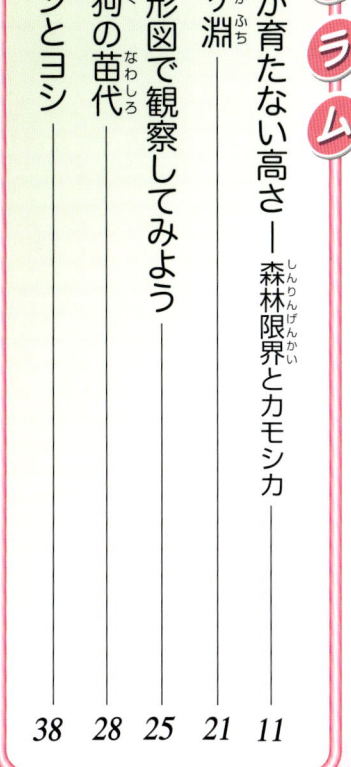

この本の読み方

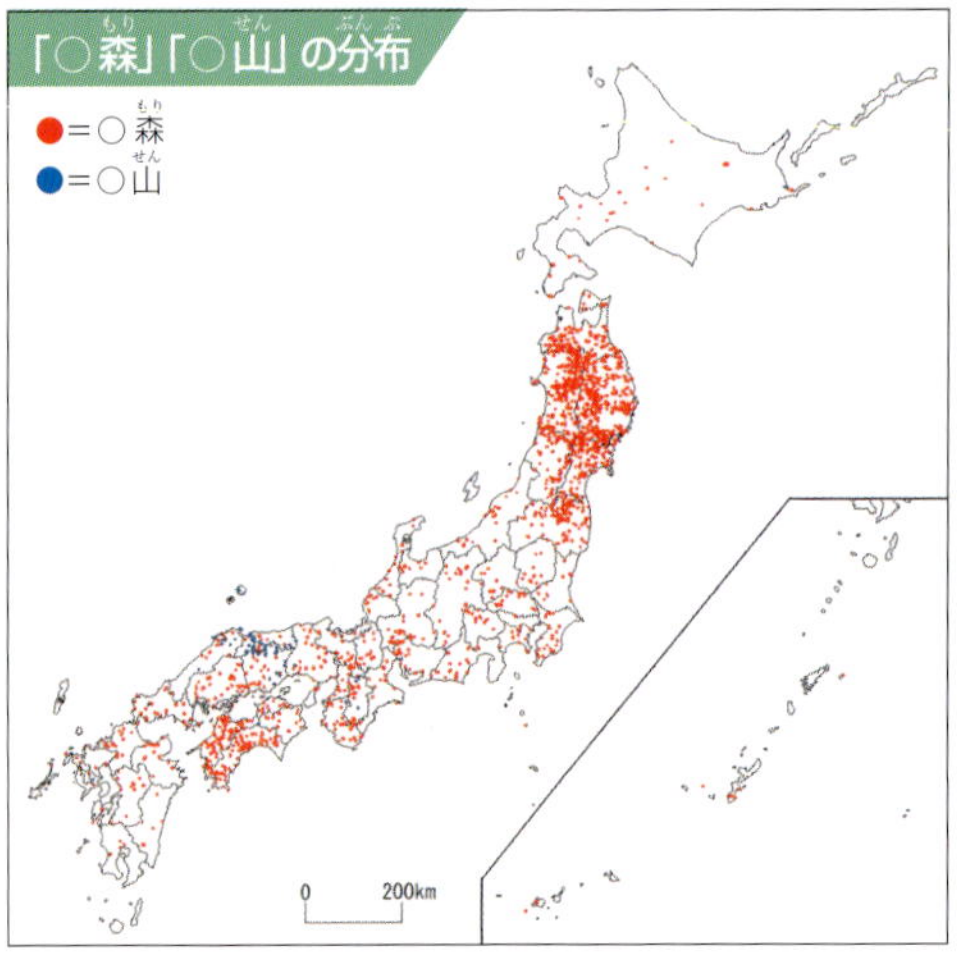

ア 地名の分布図《ぶんぷず》

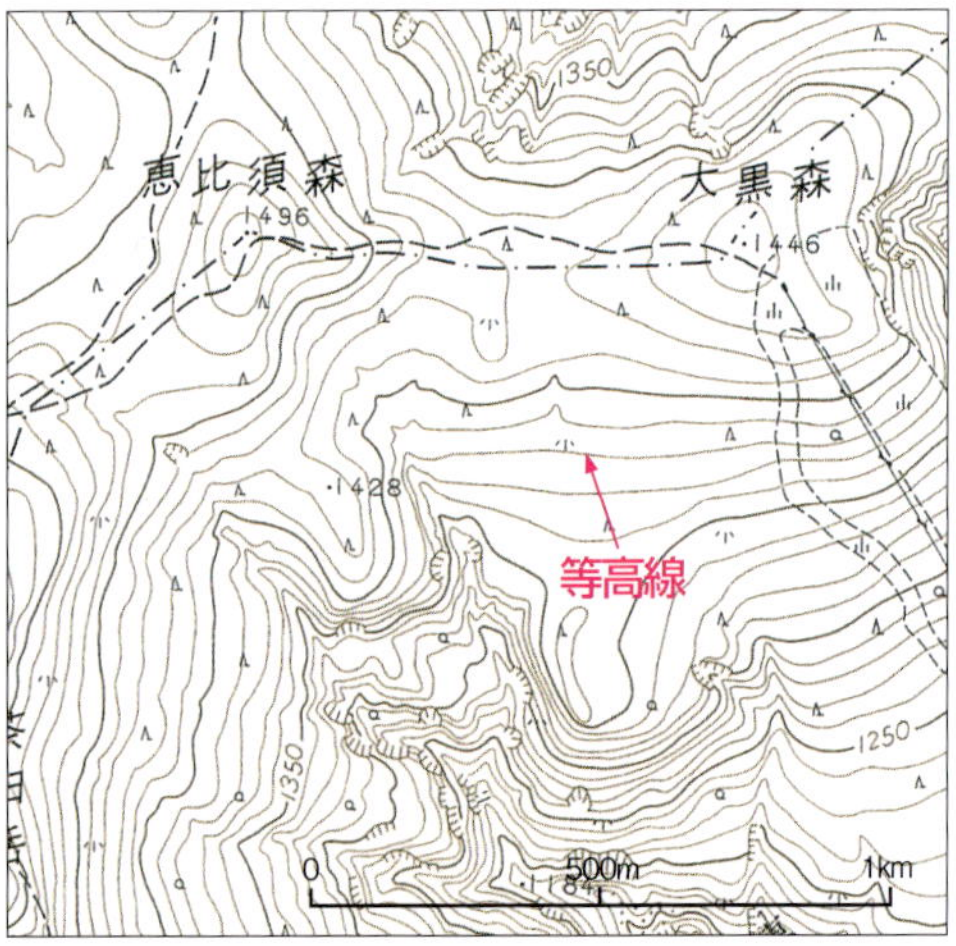

イ 地形図

さがしてみよう きみの近くのこんな地名

北海道	東川町《ひがしかわちょう》	旭《あさひ》 岳《だけ》	石川県	中能登町《なかのとまち》・
青森県	鰺ヶ沢町《あじがさわまち》	一ツ森《ひとつもり》	福井県	大野市《おおの》
岩手県	岩泉町《いわいずみちょう》	安家森《あっかもり》	山梨県	大月市《おおつき》
宮城県	大和町《たいわちょう》	七ッ森《ななもり》	長野県	木曽町《きそまち》・
秋田県	湯沢市《ゆざわ》	黒《くろ》 森《もり》	岐阜県	美濃加茂《みのかも》市
山形県	山形市《やまがた》	大森山《おおもりやま》	静岡県	静岡市《しずおか》
福島県	福島市《ふくしま》	千貫森《せんがんもり》	愛知県	新城市《しんしろ》
茨城県	日立市《ひたち》	神峰山《かみねさん》	三重県	松阪市《まつさか》・
栃木県	那須塩原市《なすしおばら》	大倉山《おおくらやま》	滋賀県	米原市《まいばら》
群馬県	みなかみ町《まち》	一ノ倉岳《いちくらだけ》	京都府	京都市《きょうと》
埼玉県	横瀬町《よこぜまち》	二子山《ふたごやま》	大阪府	豊能町《とよのちょう》・
千葉県	鴨川市《かもがわ》・南房総市《みなみぼうそう》	愛宕山《あたごやま》	兵庫県	神戸市《こうべ》
東京都	青梅市《おうめ》・奥多摩町《おくたままち》	御岳山《みたけさん》	奈良県	桜井市《さくらい》
神奈川県	山北町《やまきたまち》	畦ヶ丸《あぜがまる》	和歌山県	新宮市《しんぐう》
新潟県	妙高市《みょうこう》	妙高山《みょうこうさん》	鳥取県	若桜町《わかさちょう》
富山県	南砺市《なんと》	大倉山《おおくらやま》	島根県	美郷町《みさとちょう》

ウ 都道府県別の地名の表

●ありふれた地名のいわれを知ろう…… このシリーズで取り上げるのは、みなさんの近くにもきっとある、ありふれた地名です。こうした地名は、どのような思いで名づけられ、どのように使われてきたのか――。それを探《さぐ》ることで、土地の暮《く》らしや歴史に思いをはせ、さらには、現代《げんだい》のわたくしたちもふくめ、人びとがまわりの世界をどのようにみてきたかを考えてみようというのが、このシリーズの目的です。

興味《きょうみ》のあるところから読みたい人は、各巻《かくかん》のタイトルやもくじを参考にしてください。具体的な地名を調べたい人は、6巻『総索引《そうさくいん》』を参照してください。

青字で示《しめ》したのが**重要な地名**です。**地形の特徴《とくちょう》に由来するものや、同じ読み方でもさまざまな漢字をあてているものはカタカナ、それ以外のものは漢字**で表記しています。読み方が複数《ふくすう》あるときは、代表的な例を示《しめ》しています。

●分布《ぶんぷ》をみる…… アのような図は、重要な地名の全国的・地域的《ちいきてき》な分布《ぶんぷ》を示《しめ》しています。この図から、どの範囲《はんい》の地域《ちいき》に、どのくらいの密度《みつど》で地名が分布しているかがわかります[1]。

見出しに「○」がついている場合は、その地名の前や後に、何らかの言葉がつく地名の分布《ぶんぷ》を表しています。たとえば「○森《もり》」であれば「恵比須森《えびすもり》」など、「吹上《ふきあげ》○」であれば「吹上浜《ふきあげはま》」などというぐあいにです。

ただし、ごく限《かぎ》られた地域《ちいき》で使われているものまでふくめると、地名は日本全国で数百万はあると考えられており、また、同じ漢字や読み方の地名であっても、その由来が異《こと》なる場合もあります。この分布図《ぶんぷず》は、大まかな傾向《けいこう》をみるためのものであることを覚えておいてください。

●土地の特徴《とくちょう》をみる…… イのような図を「**地形図**」といいます。**それぞれの地名がある土地について、地形の特徴《とくちょう》や利用のされ方などを知ることができます。**

このシリーズではおもに、国の機関である国土地理院《こくどちりいん》がつくった地形図を使用しています[2]。最も多いのが**2万5千分の1の縮尺《しゅくしゃく》の地形図で、地形図上の4センチメートルが、じっさいの1キロメートルにあたります**。また、**等高線1本が10メートルの高低差を表しています**。くわしい読み方を知りたい人は、後見返しの「地形図の読み方」を参照してください。

●自分でも調べてみよう…… 各項目《かくこうもく》の最後には、ウのような表があります。この表は、**その項目《こうもく》で取り上げた地名について、各都道府県の例をあげたもの**です[3]。原則として、地形図[4]または代表的な地名辞典に出ている地名をのせていますので、**自分で地名を調べてみるときの手がかりにしてください。**なお、くわしい調べ方を知りたい人は、5巻《かん》の「地名の調べ方」の項《こう》を読んでください。

① このシリーズの分布図《ぶんぷず》は、金井弘夫《かないひろお》編《へん》『地図で見る　日本地名索引《にほんちめいさくいん》』を利用して作成しました。
② 地形図の図名は、各巻《かくかん》の奥付《おくづけ》にまとめて記載《きさい》しました。
③ 地名の分布《ぶんぷ》が限《かぎ》られているなどの理由で、表を省《はぶ》いた項《こう》もあります。また、該当《がいとう》の地名がない都道府県を表からカットしたものもあります。
④ 地名によっては、昔の地形図にはのっていても、いまの地形図にはのっていない場合もあります。

このシリーズを読まれるみなさんへ

はじめに

ありふれた地名のおもしろさ

◆ひとつひとつの地名に、人びとの思いがこめられています。

▲田染荘《たしぶのしょう》（大分県《おおいたけん》豊後高田市《ぶんごたかだし》）は、荘園《しょうえん》の時代の水田や集落の位置がほぼそのまま残っている。

十六島《うっぷるい》（島根県出雲市《いずもし》）。不思議な響《ひび》きの地名ですね。

地名はいつできたか?

みなさんのまわりには地名がたくさんありますね。でも、いったい、いつ、だれが何のためにこれらの地名をつけたのでしょう?

地名ができた年代を調べるのは容易《ようい》ではありませんが、みなさんの住所にあるような町や大字《おおあざ》①などの地名は、古いものは江戸《えど》時代くらいまではさかのぼることができます。

でも、それは記録に出てくるのが江戸《えど》時代ということで、それ以前からあったかもしれません。小さな地名だったものが村の名になることもあるでしょう。文字として記録されず、人から人へ伝えられてきた地名はたくさんあるからです。

たとえば、大阪《おおさか》は今でこそ大都市ですが、初めは大きな坂のある所につけられた、「大《おお》坂《さか》」というごく小さな地名だったと考えられます。大阪《おおさか》の中心部には台地があって、そこへ登る坂がいくつもあるからです。でも、「大坂《おおさか》」がいつ、どの場所につけられた地名かはわかっていません。

東京は明治維新《めいじいしん》（一八六八年）の時にできた新しい地名ですが、その前の江戸《えど》という地名は、徳川家康《とくがわいえやす》が幕府《ばくふ》を開く前からありました。

時代がわかる地名もあります。たとえば、**本荘《ほんじょう》**（**本庄《ほんじょう》**）という地名は、荘園制《しょうえんせい》②というしくみに関係のある地名ですが、荘園制《しょうえんせい》は奈良《なら》時代から豊臣秀吉《とよとみひでよし》の天下《てんか》統一《とういつ》まで続いたしくみですから、飛鳥《あすか》時代や江戸《えど》時代についた地名でないことはあきらかです。**公文《くもん》**や**庄司《しょうじ》**という地名も荘園《しょうえん》に関係しています。

また、**一《いち》ノ坪《つぼ》**、**二《に》ノ坪《つぼ》**という地名があったら、それは条里制《じょうりせい》③という古代の土地の区切り方に由来しますから、そのあたりは古代から開けた水田だった可能性《かのうせい》が高いでしょう。

六日市《むいかいち》、**七日市《なのかいち》**という、日にちに「市《いち》」がつく地名なら、そこは中世《ちゅうせい》に市《いち》が開かれた場所です。そのころは交通の便が良い所に、決まった日にみんなが集まって店を出し、品物が売り買いされたのです。

地名の新旧《しんきゅう》がわかることもあります。**古川《ふるかわ》**は昔の川の跡《あと》ですし、**新屋敷《しんやしき》**は**古屋敷《ふるやしき》**より新

① 【大字《おおあざ》】…住所を示《しめ》すときに市町村の下につく区分。字《あざ》ともいう。明治《めいじ》時代に市制《しせい》・町村制《ちょうそんせい》ができる前に町や村だったものが多い。
② 【荘園制《しょうえんせい》】…奈良《なら》時代に、新しく切り開いた土地の私有《しゆう》が認《みと》められると、貴族《きぞく》やお寺・神社は土地の開墾《かいこん》をすすめ、私有地《しゆうち》をふやした。これが荘園《しょうえん》と呼《よ》ばれるもので、戦国《せんごく》時代まで続いた。

しい地名でしょう。新しくできた市《いち》は今市《いまいち》とか新市《しんいち》と呼《よ》ばれ、以前からある市《いち》は古市《ふるいち》となります。「今」というのは「現代《げんだい》の」という意味で、地名がつけられた当時は最新だったのでしょうが、何百年もたって古い地名になっても「今市《いまいち》」のままなのですね。

でも、時代がわかる地名はごく少数です。たいていの地名はそうではありません。地名の意味もよくわからないことがしばしばです。

▲「七日市《なのかいち》」というバス停《てい》の地名から、昔の市《いち》のようすがしのばれる。

地名の秘密とは？

地名には長く生き残っているものがたくさんあります。なぜでしょう？ そこには地名の秘密《ひみつ》があるのです。

みなさんは地名がわからなくて困《こま》ったことがありますか？ 困《こま》ったことがあるとすれば、それは地名の意味ではなくて、地名の示《しめ》す場所がわからない場合でしょう。東京や大阪《おおさか》ならともかく、名古屋《なごや》や千葉《ちば》や仙台《せんだい》の意味は何か、と聞かれてもわからないでしょうが、場所さえ知っていれば大丈夫《だいじょうぶ》、行くこともできるし、ニュースも理解《りかい》できます。

「地名の示《しめ》す場所さえわかれば、地名の意味がわからなくても使える」、これが地名の秘密《ひみつ》です。この性質《せいしつ》のおかげで、地名は時代を超《こ》え、ときには民族や言語も超《こ》えて生きのびることができるのです。

意味のわからなくなった地名は、なぞめいていて魅力的《みりょくてき》です。わたくしの住む島根県の海岸部には「十六島《うっぷるい》」という地名があります。地元では有名なノリの産地なのでよく知られており、昔から朝鮮語《ちょうせんご》であるとか、「打《う》ち振《ふ》るう」という言葉からきたとか、さまざまな説がとなえられてきました。なぜ「十六島」と書くのかも不思議です。

また、わたくしの住んでいる所の近くの山には「幽貝《ゆうげい》」という地名があります。この地名を使っている地元の人にも意味はわかりませんが、これは四百年以上前の戦国《せんごく》時代に、山城《やまじろ》がおかれていたためについた地名で、「要害《ようがい》」という言葉が変化したものです。

十六島《うっぷるい》も幽貝《ゆうげい》も、地名がつけられた当時は意味がわかっていたのでしょうが、時代の移《うつ》り変《か》わりとともに忘《わす》れられていったのです。これが道具のような物であれば捨《す》てられてしまうところですが、地名はそのまま使うことができます。だから、地名は昔のことを知る重要な手がかりになるのです。

ありふれた身近な地名のおもしろさ

ありふれた身近な地名でも、不思議なおもしろさを秘《ひ》めていることがあります。

地名全体からみると、歴史的に重要だったり、なぞに満ちていたりする地名はごく一部に過《す》ぎません。地名の多くはもっとありふれていて、平凡《へいぼん》なものです。家の前に田があれば**前田**《まえだ》、長い田だから**長田**《ながた》、松が生えているから**松山**《まつやま》、大きな川だから**大川**《おおかわ》、大きな谷だから**大谷**《おおたに》、駅の前だから**駅前**《えきまえ》、というぐあいに、意味もなんとなくわかるような、とくに

③ **【条里制《じょうりせい》】**…条《じょう》・里《り》・坪《つぼ》と呼《よ》ばれる単位で土地を区切って、国が耕地《こうち》を支配《しはい》・管理する制度《せいど》。奈良《なら》時代から鎌倉《かまくら》時代ごろにかけて行われた。くわしくは第２巻《かん》の「水田の地名」の項《こう》を見よう。

めずらしくもない地名が大半です。

ところが、一見ありふれた地名でも、不思議なおもしろさを秘《ひ》めていることがあるのです。それをお話しする前に、次の問題を考えてみてください。

① 東村《ひがしむら》、西村《にしむら》、南村《みなみむら》、北村《きたむら》。いちばん数が少ないのは？

② 大池《おおいけ》と大沼《おおぬま》など、池《いけ》のつく地名と沼《ぬま》のつく地名では、どこが違《ちが》うでしょう？

③ 福富《ふくとみ》と希望《きぼう》ケ丘《おか》。共通点は何でしょう？

④ 海岸線に出《で》っ張《ば》った所があり、人間や動物の身体にたとえた地名がつけられています。さて、身体のどこでしょう？

▲太陽の光を山がさえぎる南側よりも、北側のほうが日当たりが良い。

さて、問題の答えです。

① 西村《にしむら》一二八、北村《きたむら》八六、東村《ひがしむら》五五、南《みなみ》村《むら》二〇（金井《かない》弘夫《ひろお》編《へん》『日本地名索引《さくいん》』による）。四つの地名の意味はわかりますね。

でも数を比《くら》べると、とたんになぞが深まります。なぜ西村《にしむら》、北村《きたむら》が多くて、東村《ひがしむら》、南村《みなみむら》が少ないのでしょうか。

方向の選び方は、日当たりの良さと関係があると思われます。東西にのびる谷の中に、村が一つあるとイメージしてください。村の人口がふえて、近くに新しい村をつくるとすると、方向として西や北が選ばれやすく、新しい村は元の村に対して西村《にしむら》・北村《きたむら》となります（元の村は「中村《なかむら》」と呼《よ》ばれたりします）。

村の位置は田畑を作りやすい場所とか、水が得やすい場所など、さまざまな条件《じょうけん》によって決まるのですが、このような谷の場合、日当たりの悪い南側よりは西や北が選ばれることを、この数字は示《しめ》しています。

② 池のほうが沼《ぬま》より大きい？、沼《ぬま》のほうがドロドロしている感じ？

じつは、池《いけ》のつく地名は全国的に分布《ぶんぷ》していますが、どちらかといえば西日本に多く、沼《ぬま》はほとんどが東日本に分布《ぶんぷ》しているのです。つまり、地域《ちいき》によって地名が異《こと》なるわけです。地名の分布《ぶんぷ》を調べるとこんなことがわかりますが、どうして違《ちが》うのでしょうか？

「池と沼《ぬま》とは同じもので、地域《ちいき》によって呼《よ》び名《な》が違《ちが》う」とするのが自然ですが、別の考え方もできます。

兵庫県《ひょうご》南部や岡山県《おかやま》、香川県《かがわ》、福岡県《ふくおか》など、とくに池《いけ》の分布《ぶんぷ》が多い地域《ちいき》の地形図を調べてみると、ため池④がたくさんあることがわかります。ため池は人工的に造《つく》られた池ですから、たとえば「池は人が造《つく》ったもので、沼《ぬま》は自然にできたものである」と考えることもできま

「○池《いけ》」「○沼《ぬま》」の分布《ぶんぷ》

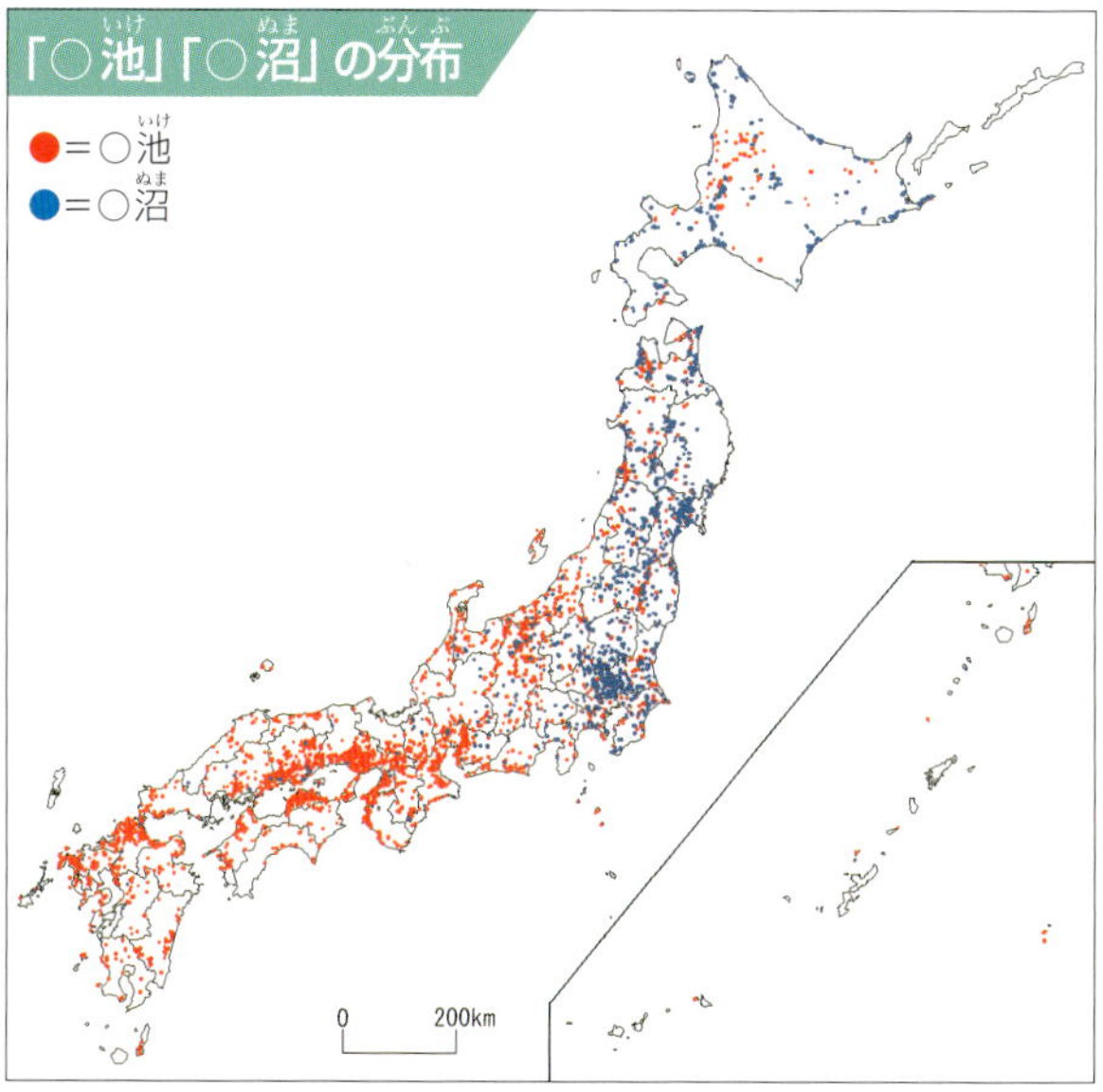

④【ため池】…米づくりに必要な水をたくわえておく池。日照りによる水不足が起こりやすい中国地方や四国地方に多く造《つく》られた。

す。関東・東北地方にも池《いけ》の地名があるので、それぞれの池《いけ》の地名について一つ一つ検証《けんしょう》してみれば、この仮説《かせつ》が正しいかどうかわかります。

このほか「潟《かた》」「湖《みずうみ》」も、池のように水のたまった場所を表す地名の仲間です。これの分布《ぶんぷ》には特徴《とくちょう》があります。みなさんの持っている地図帳でも確《たし》かめることができますよ。

③　どちらも、町や村が繁栄《はんえい》するようにという願いをこめてつけられた、縁起《えんぎ》のいい地名です。希望ヶ丘《きぼうがおか》はともかく、福富《ふくとみ》は意識《いしき》して見なければ、願望の地名であることに気づきにくいかもしれません。それは福富《ふくとみ》が古い時代に流行した地名だからです。希望ヶ丘《きぼうがおか》が地名として登場するのはごく最近のことなので、みなさんも感覚的にわかるのです。地名にも流行があるのですね。

④　正解《せいかい》は、鼻《はな》です。地形を人間や動物の身体の中の出《で》っ張《ば》った部分でたとえているわけですね。では、口とか目とか頭のつく地名もあるのでしょうか？　そもそも土地を身体でたとえるのはどういう感覚でしょうか？

ここで取り上げた質問《しつもん》は、意味は明らかだけれども、なぞを秘《ひ》めた地名に関するものです。そのなぞとは、むずかしくいえば「周囲の環境《かんきょう》をどんなふうにとらえて地名がつけられているか」というものです。環境《かんきょう》のとらえ方とは、「あれは山」「これは川」「ここは平らな所」というふうに区別をつけることだと考えてください。

この区別のしかたは、時代によって変わることがあるし、利用価値《かち》が高い・低いといった評価《ひょうか》も変わります。田を作らずに狩猟《しゅりょう》や採《さい》

▲ゾウゾウ鼻《ばな》（石川県輪島《わじま》市）。右の岩がゾウの鼻のように見える。

▲「福富《ふくとみ》」の例（島根県松江《まつえ》市福富町《ふくとみちょう》）

▲「希望ヶ丘《きぼうがおか》」の例（神奈川《かながわ》県横浜《よこはま》市）

集《しゅう》をしていた時代には、水田に適《てき》した場所の価値《かち》は低く、山林の価値《かち》が高かったでしょう。交通手段《しゅだん》が徒歩しかなかった時代には、山を越《こ》える峠《とうげ》のあたりには、交通に関係したさまざまな地名がつけられました。今とは違《ちが》う環《かん》境《きょう》のとらえ方にもとづいて命名された地名は、なぞめいているように見えるのです。

▲「桜田《さくらだ》」という地名の分布《ぶんぷ》。なぜ関東・東北地方に多いのだろう？

ぎゃくに、今の地名の中にも、昔の人には理解《りかい》できないものがあるはずです。新興住宅《しんこうじゅうたく》地《ち》に多い○○が丘《おか》・○○台《だい》という地名は、「丘《おか》」や「台」の意味はわかっても、どうして地名にたくさん採用《さいよう》されているのかわからないでしょう。「駅前《えきまえ》」という地名もわからないはずです（「駅」を列車でなく、馬のいる所だと思うかもしれません）。千年前の人にわかりやすく説明してあげてください。ためしに昔の人になったつもりで、問題①〜④も現代《げんだい》の人に説明してみましょう。

もうひとつのなぞは、「同じように環境《かんきょう》をとらえているけれど異《こと》なる地名がついている」というものです。②と③の例がそうです。

その理由については、「つけられた年代が違《ちが》う」「使っている言葉が違《ちが》う」など、いろいろあります。福富《ふくとみ》・希望《きぼう》ケ丘《おか》は年代が違《ちが》うわけです。池《いけ》・沼《ぬま》が異《こと》なる理由ははっきりしませんが、地域《ちいき》による言葉の違《ちが》いによるかもしれません。なかには言語や民族の違《ちが》いによる場合もあるはずです。沖縄《おきなわ》の海岸には「ビーチ」のつく地名がありますが、これは英語による命名です。日本語では「浜《はま》」ですね。北海道から東北にかけてはアイヌ語⑤による地名が分布《ぶんぷ》しています。

このように、ありふれた地名も分布《ぶんぷ》を調べたり、他の地名と比較《ひかく》したり、あらためて疑《ぎ》問《もん》を投げかけてみると、おもしろいことがわかるのです。

⑤（おまけの問題）サクラは日本人になじみ深い木ですから桜《※さくら》のつく地名は全国に分《ぶん》布《ぷ》しています。ところが「桜田《さくらだ》」という地名は上の絵のような分布《ぶんぷ》になっています。なぜ関東・東北に多いのでしょう？（※答えは下に）

地名を楽しもう

地名の大切な特徴《とくちょう》のひとつは「どこにでもある」ということです。身近な地名を調べてみたいけれど、地名が全然なくて困《こま》る、ということはありません。珍《めずら》しい地名や貴重《きちょう》な地名は少ないかもしれませんが、数はたくさんあるはずです。ちょうど歴史というものが本に出てくる有名人だけでなく、多くの無名の人たちによって形づくられているのと似《に》ています。

このシリーズは、地名の楽しみ方をみなさんに伝えることを目的としています。これまでお話ししてきたように、地名にはまだまだ不思議なことがたくさんあって、ちょっとした知識《ちしき》と、なぜだろうと思う感覚を身につければ、いろいろ楽しむことができます。

⑤【アイヌ語】…北海道・東北地方にもともと住んでいたアイヌと呼《よ》ばれる人びとの言語。文字をもたず、口から口へと語り伝えられてきた。くわしくは第４巻《かん》の「アイヌ語の地名」の項《こう》を見よう。

※たとえば「田の近くにサクラの木が多いから」「サクラの咲《さ》くころに田植えをするので印象が強いから」などと考えられます。

山の地名いろいろ

山がちな日本列島。山の呼《よ》び方《かた》もさまざまです。

【ヤマ・タケ・ミネ・モリなど】

槍ヶ岳《やりがたけ》（長野・岐阜《ぎふ》県）。ごつごつした岩におおわれています。

山にはいろんな地名が

山は、「富士山《ふじさん》」「箱根山《はこねやま》」のように、「○○山」と呼《よ》ぶのがふつうだと思うでしょう。だけど、山の特徴《とくちょう》や地域《ちいき》によって、いろいろな呼び方《かた》があるのです。

【ヤマ・タケ・ミネなど】

本州中央部の日本アルプス①には、槍ヶ岳《やりがたけ》（長野・岐阜《ぎふ》県）・白馬岳《しろうまだけ》（長野・富山《とやま》県）・焼岳《やけだけ》（長野・岐阜《ぎふ》県）・御岳《おんたけ》（同）・駒ヶ岳《こまがたけ》（山梨《やまなし》・長野県）など、**タケ**（**ダケ**）［**岳**］という語尾《ごび》がつく山があります。

これらの山には共通した特徴《とくちょう》があります。山が高いので木が生育できず、草が生えていたり、ごつごつした岩におおわれたりしているのです。

飛騨《ひだ》山脈には野口五郎岳《のぐちごろうだけ》・黒部五郎岳《くろべごろうだけ》という人名のような山がありますが、**ゴロウ**というのは岩がゴロゴロしているようすを表現《ひょうげん》した地名です。箱根《はこね》（神奈川《かながわ》県）の強羅《ごうら》という地名も同類です。

タケのつく山は、左の分布図《ぶんぷず》のように全国にありますが、山脈の高いところに集まっているので、日本列島の骨格《こっかく》標本のようです。②関東地方など、ところどころに空白がありますが、これは平野だからです。

また、中国地方東部と四国地方に**タケ**の空白があるのは、四国では山名に**モリ**［**森**］、中国地方東部には大山《だいせん》、蒜山《ひるぜん》のように**セン**のつく山名が多いためでしょう（左下の分布図《ぶんぷず》）。

ミネ［**峰**］というのは全国に分布《ぶんぷ》していますが、これは、もり上がった所を表す「ネ」という言葉に、ほめたり、うやまったりすることを表す「ミ（御）」がついた地名です。

モリや**タケ**や**ミネ**は、**ヤマ**に比《くら》べると少数《しょうすう》派《は》で、それだけでは山を表すかどうか不安になるらしく、**森山《もりやま》**、**岳山《たけやま》**、**峰山《みねやま》**のように語尾《ごび》に「山」を付け足している例がみられます。

「○岳《たけ》」の分布《ぶんぷ》
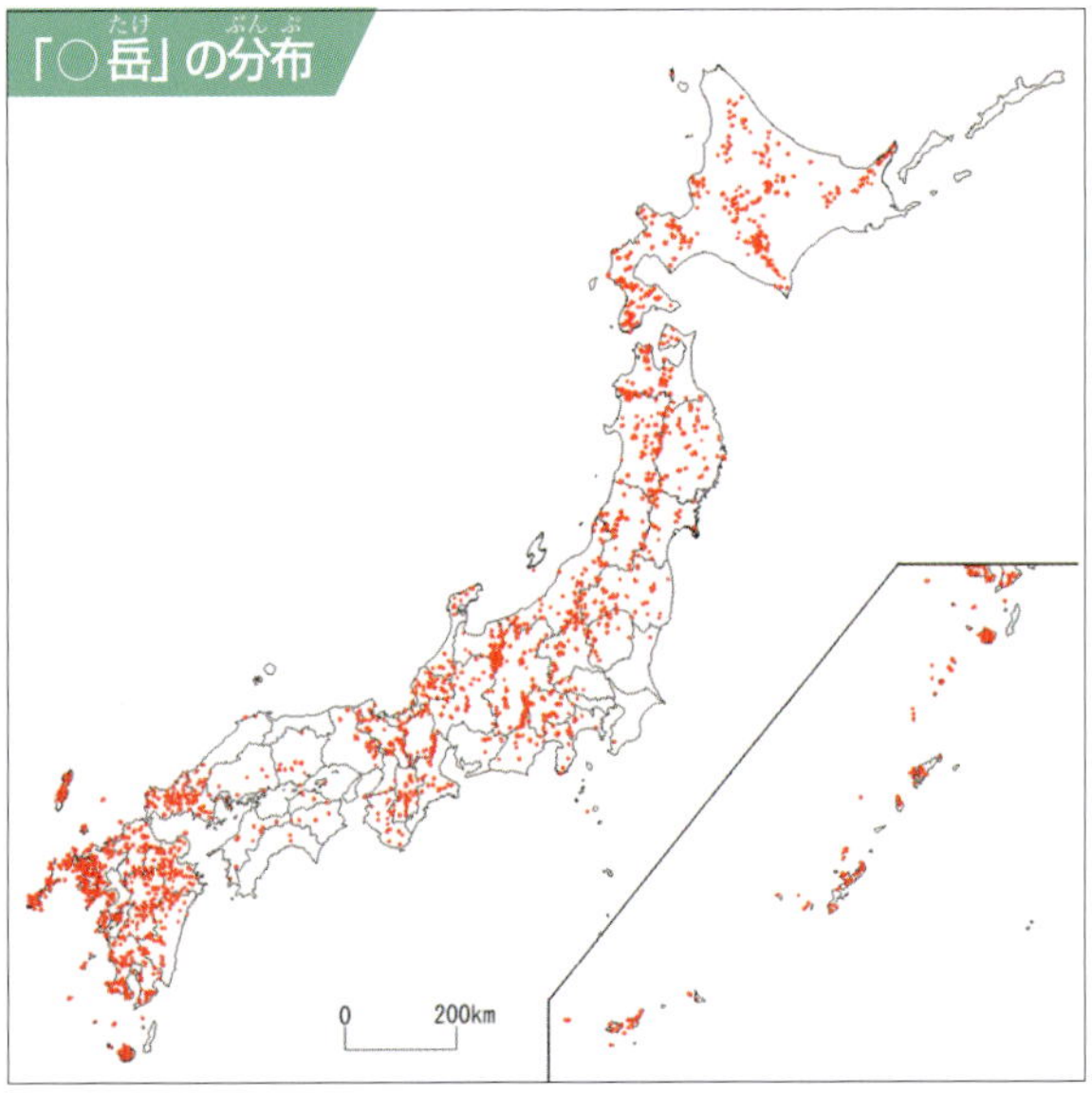

「○森《もり》」「○山《せん》」の分布《ぶんぷ》
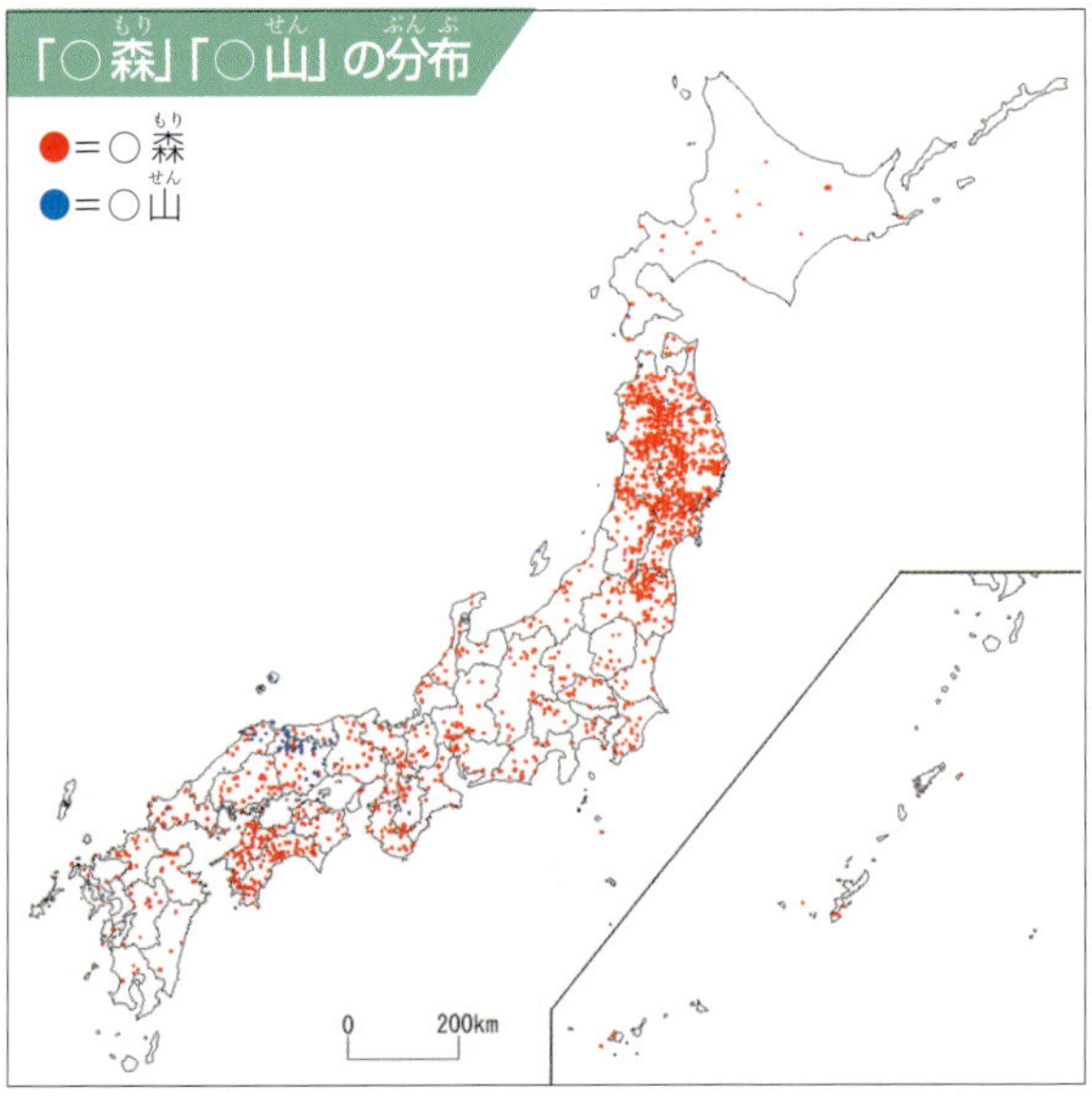

① 【日本アルプス】…本州の中部にほぼ南北に位置する飛騨《ひだ》山脈（北アルプス）、木曽《きそ》山脈（中央アルプス）、赤石《あかいし》山脈（南アルプス）をまとめて指す。3000メートル級の山やまが連なり、日本列島の屋根と呼《よ》ばれる。
②長崎《ながさき》県や沖縄《おきなわ》県など、低い山に「岳《たけ》」がついている地域《ちいき》もある。

これに対して山森《やまもり》・山岳《やまたけ》・山峰《やまみね》のような地名はほとんどありません。

【クラ・モリ・マル】

大倉山《おおくらやま》のように**クラ**のつく山も各地にあります。**クラ**も岩が露出《ろしゅつ》しているような所を表し、けわしい岩場にすむカモシカのことをクラシシともいいます。シシはイノシシのシシと同じで、獣《けもの》を表す言葉です。

右ページ下の分布図《ぶんぷず》は、**モリ**［**森**］という語尾《ごび》がついた地名の分布《ぶんぷ》を示《しめ》したものです。集落や町の名前のように山ではないものもふくまれていますが、地図で確《たし》かめると、四国や東北地方には○○**森**《もり》という名の山がたくさんあることがわかります。

また、語尾《ごび》に**マル**［**丸**］のつく山も、神奈《かな》川《がわ》県の丹沢《たんざわ》山地をはじめ各地にあります。

関東地方にはかつて平地林《へいちりん》（山でない平地の林）がたくさんありました。とくに東京の西部に広がる武蔵野《むさしの》③は雑木林《ぞうきばやし》で有名でした。こうした林は「**ヤマ**」と呼《よ》ばれています。「**ヤマ**へ行く」と言って、裏《うら》の畑へ行ったりします。

また、台地と低地の間に連なる崖《がけ》も「**ヤマ**」と言います。

こうした例をみると、**ヤマ**という地名は

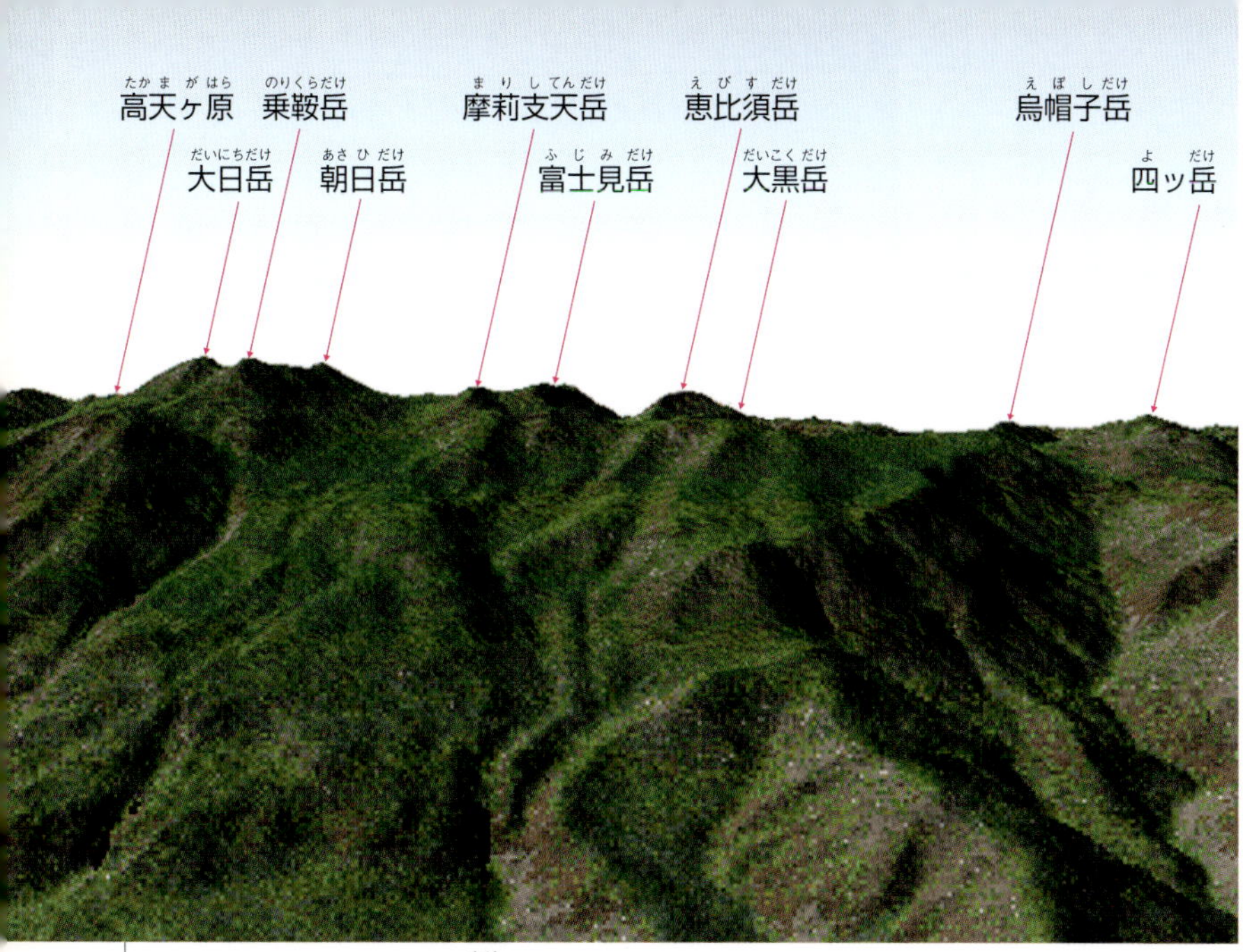

▲日本アルプスには、「岳《たけ》」のつく山やまがならぶ。

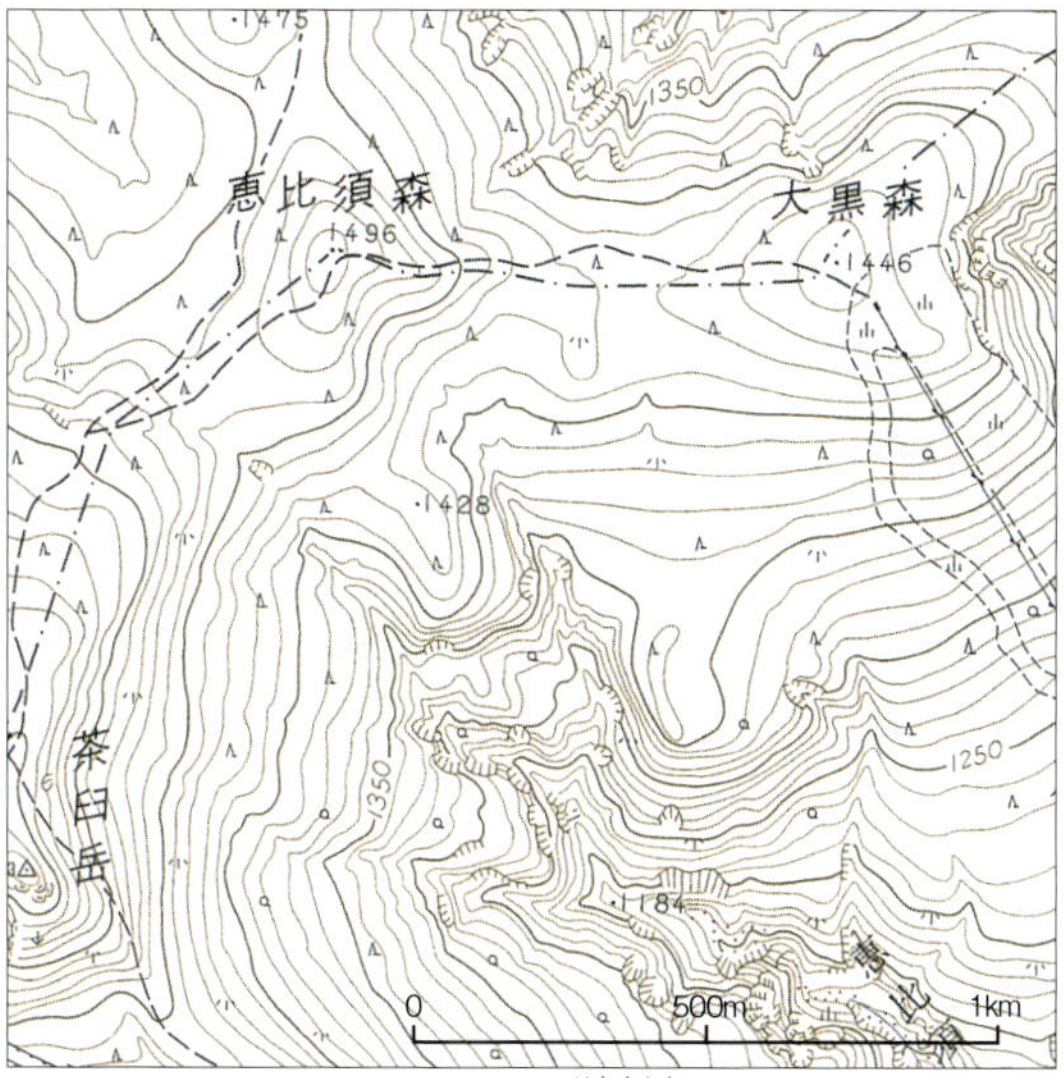

▲「森」のつく山やま（岩手県八幡平市《はちまんたいし》）

山ばかりが「ヤマ」じゃない？

『桃太郎《ももたろう》』で「おじいさんは山へ芝刈《しばか》りに」、童謡《どうよう》の『赤とんぼ』で「山の畑の桑《くわ》の実を」と出てくる「山」は、高い山のことを指しているのでしょうか？　じつは「ヤマ」という言葉には、高い山だけでない、もうひとつの大事な意味があるのです。

○木が育たない高さ　―森林限界《しんりんげんかい》とカモシカ―

岩におおわれた山をタケ（ダケ）、ゴロウなどと呼《よ》ぶのをみてきましたが、では、そういうところにはなぜ、木が生えないのでしょうか？　山の標高が上がるのにともなって、気温は下がります。年平均気温《ねんへいきんきおん》が、木が育つことのできる限界の温度を超《こ》えて下がってしまうと、木は生えることができなくなるのです。木がなくなる境目《さかいめ》のことを「森林限界《しんりんげんかい》」といいます。温度のほか、風や雪の降《ふ》り具合《ぐあい》も、この森林限界《しんりんげんかい》に影響《えいきょう》します。槍ヶ岳《やりがたけ》のある日本アルプスでは標高 2500 メートル程度《ていど》が森林限界《しんりんげんかい》です。

◀森林限界《しんりんげんかい》を超《こ》えると、けわしく、岩がむきだしに。この周辺にはニホンカモシカなどがすむ。

③【**武蔵野**《むさしの》】…東京都と埼玉《さいたま》県にわたって広がる台地。古くはシイやカシなどの林におおわれていたと考えられ、江戸《えど》時代から本格的《ほんかくてき》に開発された。現在《げんざい》は住宅《じゅうたく》地や畑が広がる。

▲「ヤマ」はもともと「木の生えているところ」を指す。

「木の生えているところ」が本来の意味で、温暖《おんだん》で雨の多い日本では「山」のほとんどは木が生えているので、**ヤマ**と山がほぼ同じ意味になったのではないでしょうか。

モリも、その点では**ヤマ**と似《に》ています。ただし、**モリ**には別の重要な意味があるので、それは別のところで取り上げましょう（3巻《かん》27ページ）。

▲武蔵野《むさしの》の雑木林《ぞうきばやし》（東京都小平《こだいら》市）。今もかつての面影《おもかげ》を残す。

山と暮らし

町にすむ人たちにとっては、山はハイキングやキャンプをしに行くところですね。いまはそうですが、かつての山はめぐみと危険《きけん》の両方をもたらす存在《そんざい》として、信仰《しんこう》の対象になっていたのです。

【信仰《しんこう》の対象としての山】

楽しみのための登山が行われるようになるのは、明治《めいじ》時代からです。それ以前の山は信《しん》仰《こう》の対象であり、修行《しゅぎょう》の場でした。これを、修験道《しゅげんどう》といいます。修験道《しゅげんどう》は、山に対する古くからの信仰《しんこう》に仏教《ぶっきょう》があわさってできたもので、修行《しゅぎょう》する人は山伏《やまぶし》と呼《よ》ばれ、一種の超人《ちょうじん》として人びとの尊敬《そんけい》を集め、また恐《おそ》れられていました。

各地のおもな山にはお寺が置かれ、一般《いっぱん》の信者の人たちも山伏《やまぶし》に案内されてお参りしました。

東北の出羽三山《でわさんざん》（山形県）や近畿《きんき》の大峰山《おおみねさん》（奈良《なら》県）、九州の英彦山《ひこさん》（福岡《ふくおか》・大分《おおいた》県）、中国地方の大山《だいせん》（鳥取《とっとり》県）など、多くの人が参拝《さんぱい》した山には、宿泊施設《しゅくはくしせつ》もたくさんありました。いまでは衰退《すいたい》して跡地《あとち》だけが残る所も多いのです。

【山のめぐみ】

山は豊富《ほうふ》な木材や、獣《けもの》、山菜などの食料など、さまざまなめぐみをもたらしました。まずは木材です。コンクリートやプラスチックのような材料がない時代は、建物や船、家具、道具類などほとんどを木材でまかなっていました。

木を切って丸太にし、山の斜面《しゃめん》を川まで落とし、そのまま流したり、筏《いかだ》に組んだりして平地まで運び、それから加工したのです。高い技術《ぎじゅつ》をもったおおぜいの人たちが、それぞれの作業を担当《たんとう》していました。

また、山にはクマ・イノシシ・シカなどの獣《けもの》がたくさんいて、専門《せんもん》の猟師《りょうし》もいました。

【山へのおそれ】

いっぽうで、山は恐《おそ》ろしいところでもありました。夜中に大きな音がしたり、天狗《てんぐ》の高笑いが聞こえたり、雪女が訪《おとず》れたりと、さまざまな怪異《かいい》が伝えられています。

仕事をするときも、獣《けもの》に襲《おそ》われたり、木の下敷《したじ》きになったりと、危険《きけん》と隣《とな》り合《あ》わせでした。

そのため、猟師《りょうし》や木こりなど山で仕事をする人たちは、きびしい掟《おきて》を守っていました。

「山神《やまがみ》（山《やま》ノ神《かみ》・山《やま》の神《かみ》）」の分布《ぶんぷ》

めぐみをもたらすと同時に恐《おそ》ろしい存在《そんざい》でもある山の神様をうやまっていたのです。

各地の山に神様の名がついているのは、こうした背景《はいけい》があるからでしょう。**山神「やまがみ・やまのかみ」**・**山《やま》ノ神《かみ》**という地名も全国に分布《ぶんぷ》しています（左上の分布図《ぶんぷず》）。

里に近い山は、村人の暮《く》らしに必要不可欠《ふかけつ》でした。炊事《すいじ》や暖房《だんぼう》の燃料《ねんりょう》にする薪《たきぎ》を取ったり、田畑の肥料《ひりょう》となる草を刈《か》ったり、屋根をふくための茅《かや》を得たりしていたのです。

新しく開発された村では、里山がないために燃料《ねんりょう》に困《こま》り、藁《わら》や松葉を燃《も》やしたという話もあります。江戸《えど》や大坂《おおさか》（大阪《おおさか》）など大都市には、さまざまなルートで燃料《ねんりょう》が供給《きょうきゅう》されていました。

▲林業のようす。育った木を切《き》り倒《たお》して間引《まび》く（間伐《かんばつ》）。

さがしてみよう　きみの近くのこんな地名　【ヤマ、タケ、ミネ、セン、マル、モリなど】

北海道	東川町《ひがしかわちょう》	**旭《あさひ》　岳《だけ》**	石川県	中能登町《なかのとまち》・羽咋市《はくい》	**碁石ヶ峰《ごいしがみね》**	岡山県	真庭市《まにわ》	**蒜《ひる》　山《ぜん》**
青森県	鰺ヶ沢町《あじがさわまち》	**一ッ森《ひともり》**	福井県	大野市《おおの》	**若丸山《わかまるやま》**	広島県	三次市《みよし》	**八頭《はっとう》が丸《まる》**
岩手県	岩泉町《いわいずみちょう》	**安家森《あっかもり》**	山梨県	大月市《おおつき》	**大谷ヶ丸《おおやがまる》**	山口県	山口市《やまぐち》	**十種ヶ峰《とくさがみね》**
宮城県	大和町《たいわちょう》	**七ッ森《ななもり》**	長野県	木曽町《きそまち》・王滝村《おうたきむら》	**御嶽山《おんたけさん》**	徳島県	神山町《かみやまちょう》・上勝町《かみかつちょう》・佐那河内村《さなごうちそん》	**旭ヶ丸《あさひがまる》**
秋田県	湯沢市《ゆざわ》	**黒《くろ》　森《もり》**	岐阜県	美濃加茂市《みのかも》	**富士峰《ふじのみね》**	香川県	まんのう町《ちょう》	**鷹丸山《たかまるやま》**
山形県	山形市《やまがた》	**大森山《おおもりやま》**	静岡県	静岡市《しずおか》	**三峰岳《みぶだけ》**	愛媛県	久万高原町《くまこうげんちょう》	**菊ヶ森《きくがもり》**
福島県	福島市《ふくしま》	**千貫森《せんがんもり》**	愛知県	新城市《しんしろ》	**鳳来寺山《ほうらいじさん》**	高知県	安芸市《あき》	**烏帽子ヶ森《えぼしがもり》**
茨城県	日立市《ひたち》	**神峰山《かみねさん》**	三重県	松阪市《まつさか》・津市《つ》	**三峰山《みうねやま》**	福岡県	添田町《そえだまち》	**英彦山《ひこさん》**
栃木県	那須塩原市《なすしおばら》	**大倉山《おおくらやま》**	滋賀県	米原市《まいばら》	**伊吹山《いぶきやま》**	佐賀県	太良町《たらちょう》	**多良岳《たらだけ》**
群馬県	みなかみ町《まち》	**一《いち》ノ倉岳《くらだけ》**	京都府	京都市《きょうと》	**愛宕山《あたごやま》**	長崎県	雲仙市《うんぜん》	**普賢岳《ふげんだけ》**
埼玉県	横瀬町《よこぜまち》	**二子山《ふたごやま》**	大阪府	豊能町《とよのちょう》・能勢町《のせちょう》	**妙見山《みょうけんさん》**	熊本県	阿蘇市《あそ》・高森町《たかもりまち》	**高《たか》　岳《だけ》**
千葉県	鴨川市《かもがわ》・南房総市《みなみぼうそう》	**愛宕山《あたごやま》**	兵庫県	神戸市《こうべ》	**六甲山《ろっこうさん》**	大分県	国東市《くにさき》	**両子山《ふたごさん》**
東京都	青梅市《おうめ》・奥多摩町《おくたままち》	**御岳山《みたけさん》**	奈良県	桜井市《さくらい》	**多武峰《とおのみね》**	宮崎県	高原町《たかはるちょう》・都城市《みやこのじょう》	**高千穂峰《たかちほのみね》**
神奈川県	山北町《やまきたまち》	**畦ヶ丸《あぜがまる》**	和歌山県	新宮市《しんぐう》	**千穂ヶ峰《ちほがみね》**	鹿児島県	鹿屋市《かのや》	**御《おん》　岳《たけ》**
新潟県	妙高市《みょうこう》	**妙高山《みょうこうさん》**	鳥取県	若桜町《わかさちょう》	**氷ノ山《ひょうせん》**	沖縄県	国頭村《くにがみそん》	**与那覇岳《よなはだけ》**
富山県	南砺市《なんと》	**大倉山《おおくらやま》**	島根県	美郷町《みさとちょう》	**登矢ヶ丸山《とやがまるやま》**		＊市町村名は2011年1月1日現在《げんざい》	

山と野と原

◆人びとは、その土地の地形をうまく呼《よ》び分《わ》けて利用してきました。

【毛無山《けなしやま》・ハゲ山《やま》・野原《のはら》など】

十六《じゅうろく》ハゲ（島根県松江《まつえ》市）。「ハゲ」とは何を指すのでしょう？

昔の人びとの感覚

山の地名について、いろいろみてきましたが、そのほか各地に毛無山《けなしやま》というおもしろい名の山があります。どんな山でしょう？　想像《そうぞう》してみてください。

【毛無山《けなしやま》とハゲ山《やま》―その特徴《とくちょう》と違《ちが》い】

毛無山《けなしやま》とは「木が生えていない山」という意味です。木無山《きなしやま》が転じてついたのだともいいますが、毛無山《けなしやま》が全国で少なくとも四〇か所ぐらいあるのに対し、木無山《きなしやま》はごくわずかしかありませんから、もともと毛無山《けなしやま》だったのでしょう。

でも、どうして毛なのでしょうか？　仮説《かせつ》をたててみましょう。

① 山を人の頭に見たてて、木がないことを頭の毛がない状態《じょうたい》にたとえた。

② 人の頭とは関係なく、木のことを昔は毛と言った。

どちらが正しいでしょうか？

古代の日本では、木のことを「ケ」と呼《よ》んでいたことがわかっています。でも、①もまちがいではありません。自然を人の身体にたとえる例はいくらでもありますから、昔の人の感覚では、人に毛がないのも、大地に毛がないのも同じだったとも考えられるからです。

ところで、毛がないことをハゲといいますから、ハゲ山《やま》という地名もありそうです。調べてみると、赤禿山《あかはげやま》（秋田県、新潟《にいがた》県）、兀山《はげやま》（宮城《みやぎ》県、京都府）、尼ケ禿山《あまがはげやま》（群馬《ぐんま》県）、荒禿山《あらはげやま》（福島県）、ハゲ岳《たけ》では兀岳《はげたけ》（長野県）、剝岳《はげだけ》（鹿児島《かごしま》県）などがあります。

毛無山《けなしやま》とハゲ山《やま》には、少し違《ちが》いがあります。毛無山《けなしやま》にはふもとから見て比較的《ひかくてき》高い山が多いのですが、ハゲ山《やま》には低いものがあること、そして集落の地名になっている場合があることです。これはなぜでしょうか。

毛無山《けなしやま》と呼《よ》ばれるためには、山全体を見たときに木が生えていないことが印象づけられる必要があります。ハゲ山《やま》の場合はその必要はなく、山の一部に目立つハゲがあればいいのです。

たとえば、石川県金沢《かなざわ》市にある白兀山《しらはげやま》は、金沢《かなざわ》市街から見ると、医王山《いおうぜん》と二つ並《なら》んでピークが見えます。地元では「医王山《いおうぜん》へ登る」というのは白兀山《しらはげやま》へ登ることを意味しています。この山の山腹《さんぷく》にある崩壊《ほうかい》した部分が遠くから白く見えるので、この山名がつきました。

また、福島県石川町《いしかわまち》の禿山《はげやま》は集落名になっています。このあたりは阿武隈《あぶくま》山地の低くゆるやかな山並《やまな》みが続いており、目立つハゲが見つけにくいのですが、集落の南側に高さ一〇メートル程度《ていど》の崖《がけ》がありますから、これがそうかもしれません。このように、ハゲが麓《ふもと》に近いところにあれば、集落名にもなるわけです。

タイトル下の写真は、島根県の宍道湖《しんじこ》①北岸にある「十六《じゅうろく》ハゲ」です。湖岸に面した低い山が、波にけずられて白く目立つ崖《がけ》になっていることがわかります。

ただ、毛無山《けなしやま》には現在《げんざい》は木が生えているものもあります。温暖《おんだん》で雨が多い日本の気候で

① 【宍道湖《しんじこ》】…島根県東部にある、国内で６番目に大きな湖。真水と海水とが混《ま》じる汽水湖《きすいこ》で、シジミなどの漁がさかん。世界有数の水鳥の生息地で、国際的《こくさいてき》に重要な湿地《しっち》の保存《ほぞん》を目的としたラムサール条約《じょうやく》に登録されている。

は、森林限界《しんりんげんかい》以上の高山でなければ、ふつうに樹木《じゅもく》が育つので、数十年もすれば毛無しではなくなってしまうからです（11ページのコラムを見よう）。

山と土地利用

昔の人びとは自然の地形をたくみに呼《よ》び分《わ》けて利用してきました。「山」と「野」も、そのひとつです。

八世紀初めにできた『出雲国風土記《いずものくにふどき》②』という本では、山を小倉山《おぐらやま》・足日山《たるひやま》など「山《やま》」のつくものと、虫野《むしの》・菟原野《うはらの》・神名樋野《かむなびの》など「野《の》」のつくものの二つに分類しています。現在《げんざい》、これらの山を眺《なが》めても区別がつきませんが、「野《の》」のつく山は、木の生えていない草山を表していたというのが定説です。

現在《げんざい》でも草山はありますが、木が生えないように定期的に草原に火を放って管理されています。奈良《なら》県奈良《なら》市の若草山《わかくさやま》や山口県の秋《あき》吉台《よしだい》、熊本《くまもと》県の阿蘇《あそ》山麓《さんろく》などの草原では、野焼きが風物詩にもなっています。

また、同じ『風土記《ふどき》』で「恵曇《えとも》の浜《はま》」という所を説明した文に「東と南には家があり、北は大海、西は野《の》」とあり、現在《げんざい》の地形と対《たい》比《ひ》すると、「野《の》」と記された部分は砂丘《さきゅう》地帯に相当します。砂丘《さきゅう》の西の方は草が生えていたのでしょう。

▲若草山《わかくさやま》の山焼き（奈良《なら》県奈良《なら》市）。夜のやみに輝《かがや》く炎《ほのお》が、人びとの目を楽しませる。（写真提供《ていきょう》：奈良《なら》県ならの魅力創造課《みりょくそうぞうか》。多重露光撮影《たじゅうろこうさつえい》により実際《じっさい》の見え方とは異《こと》なります。）

▲秋吉台《あきよしだい》（山口県美祢《みね》市）。わが国最大の石灰岩《せっかいがん》の台地だ。特別天然記念物の鍾乳洞《しょうにゅうどう》・秋芳洞《あきよしどう》などがあり、観光地としても知られる。

ところで、一般《いっぱん》的《てき》にはノ［野］はヤマ［山］の反対語で、ヤマが起伏《きふく》の大きな地形をいうのに対し、ノは地形的に平坦《へいたん》な所をいうとされています。『竹取物語《たけとりものがたり》③』でも、おじいさんは「野山にまじりて」竹をとっていますね。けれども「山の地名いろいろ」のところで述《の》べたように、ヤマは「木の生えた所」という意味をふくんでいると考えられますから、ノが「草の生えた所」だとすれば、ヤマとノはもとは植物の生え方の違《ちが》いをふくめたものだったのではないでしょうか。ヤマのふもとのゆるやかな斜面《しゃめん》や台地など、草原になりやすい所にノがあるとすれば、ヤマとノの地形的な違《ちが》いもよくわかります。

野と原はどう違う？

ノとよく似《に》たものにハラ［原］があります。野原《のはら》という言葉があるように、ハラも草の生えた平坦地《へいたんち》、というイメージがあります。ノとハラはどう違《ちが》うのでしょう。

② 【風土記《ふどき》】…当時の政府《せいふ》が各国に命じて作らせた書。各国の地理・歴史が書かれた貴重《きちょう》なものだが、現存《げんぞん》しているのは5か国分（出雲《いずも》・播《はり》磨《ま》・肥前《ひぜん》・常陸《ひたち》・豊後《ぶんご》）だけで、『出雲国風土記《いずものくにふどき》』だけが完全な形で残っている。

まず、山野《さんや》とは言いますが、山原とはあまり言いませんね。また、大海原《おおうなばら》という言葉があるように、海にも原が使えます。海は完全に平坦《へいたん》ですから、**ハラ**は地形的にみて平坦《へいたん》な所を指すのではないかと思われます。川に沿《そ》った平らな所は川原《かわら》で、川野とはあまり言わないのもこのためでしょう。

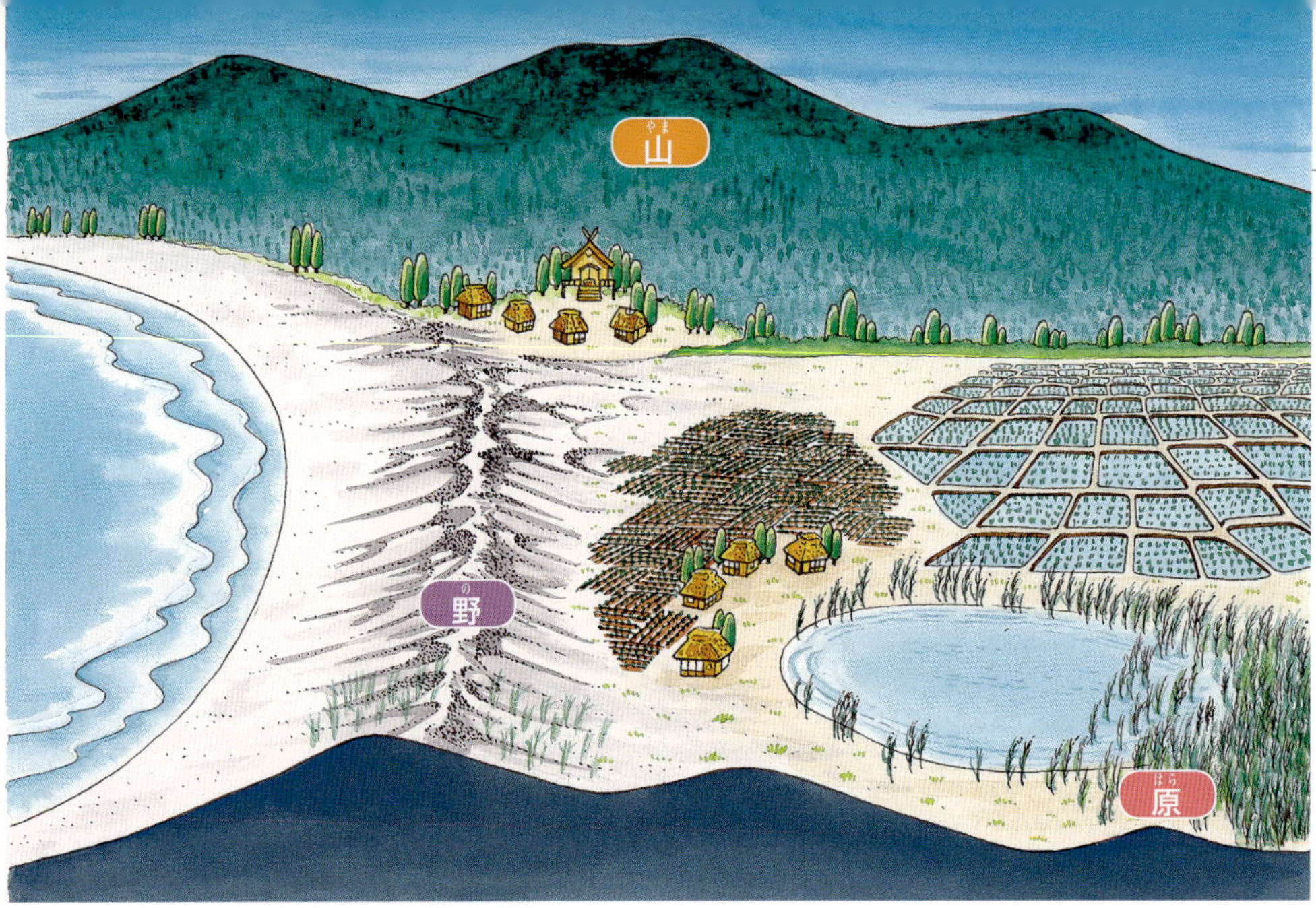

▲「恵曇《えとも》の浜《はま》」の想像図《そうぞうず》。「野《の》」は砂丘地帯《さきゅうちたい》を指していると考えられる。

いっぽう、**ノ**は武蔵野《むさしの》のように台地に多く、三角州《さんかくす》のような低湿地帯《ていしっちたい》にはありませんが、**ハラ**は低湿地帯《ていしっちたい》にもあります。**ノ**には「草の生えている所」のほかに、「山すそのように少し小高《こだか》くて乾《かわ》いているような所」という条《じょう》件《けん》があるようです。さきの『風土記《ふどき》』では、いまの島根県松江《まつえ》市にあった渡し④の記述《きじゅつ》に、「東に通道《かよひじ》、西に平原《はら》、中央は渡《わたり》」とあります。ここでいう西は三角州《さんかくす》に相当するので、「西は野《の》」とは言えなかったでしょう。

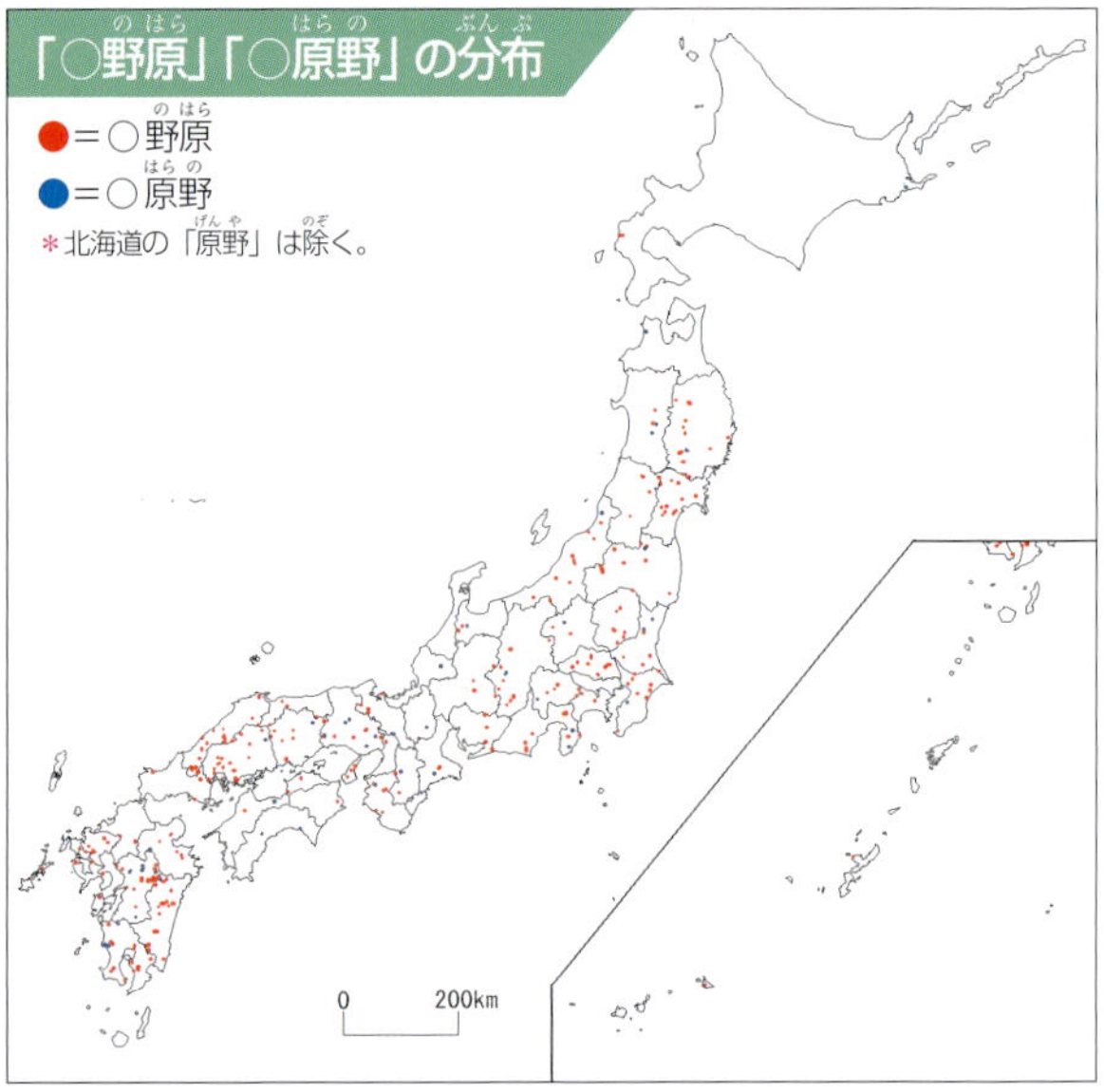

古代の地名をみると、別の特徴《とくちょう》があらわれています。古代の行政単位《ぎょうせい》である郷《ごう》のうち、**ノ**と**ハラ**の地名の代表として、**大野郷**《おおのごう》と**大原郷**《おおはらごう》の数を比較《ひかく》してみましょう。**大野郷**《おおのごう》が三一か所、**大原郷**《おおはらごう》が八か所で、**大野**《おおの》がほぼ四倍も

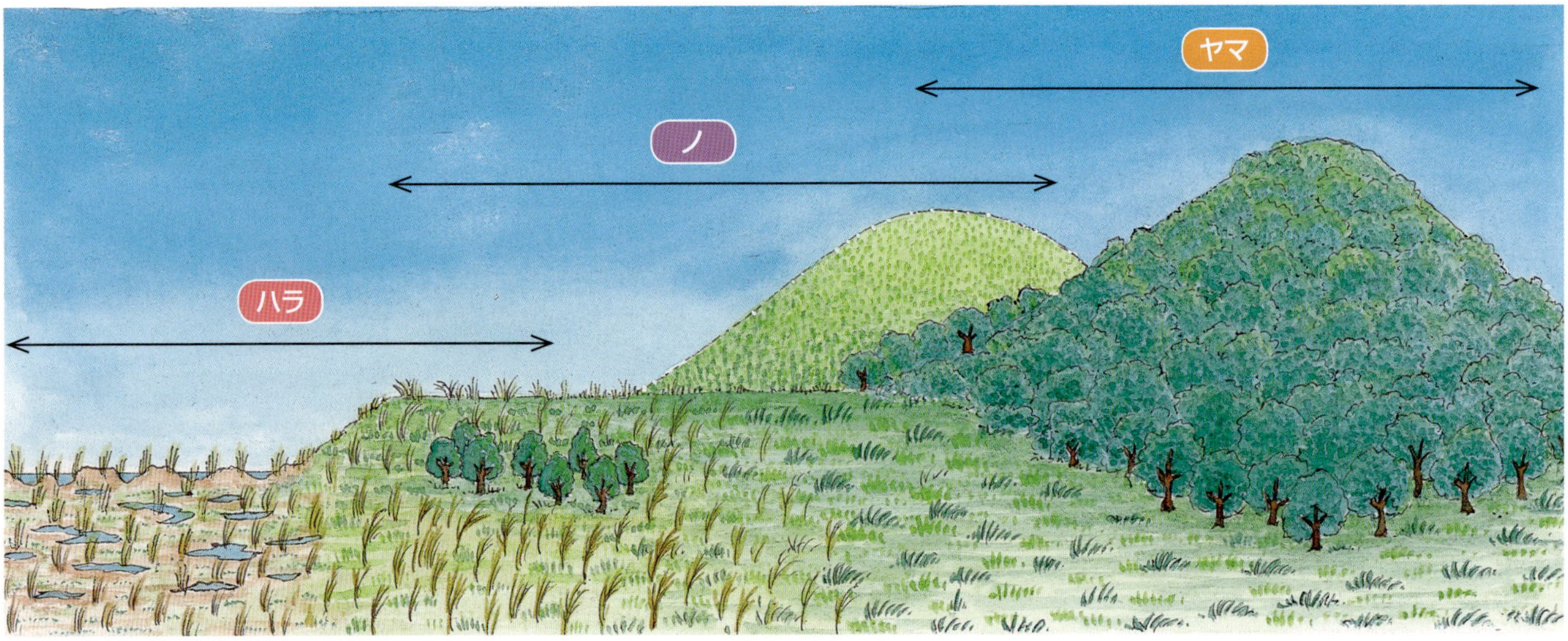

▲ヤマ・ノ・ハラの関係。地形のようすや、生えているのが木か草かなどに注目してみよう。

③【竹取物語《たけとりものがたり》】…平安《へいあん》時代に成立した、わが国最古の物語とされる。作者は不明。竹から生まれたかぐや姫《ひめ》が、５人の貴公子《きこうし》と帝《みかど》から結婚《けっこん》を申《もう》しこまれるが、これを断《ことわ》って月の世界に帰っていく物語。

④【渡《わた》し】…人やものを対岸に渡《わた》す船が出発・到着《とうちゃく》する場所。

▲相模原《さがみはら》と丹沢《たんざわ》山地（神奈川《かながわ》県）。ヤマとハラの景観。自然と人びとの暮《く》らしを映《うつ》してとても印象的だ。（写真提供《ていきょう》：神奈川《かながわ》県立生命の星・地球博物館）

あります。このことから、もともとノと認識《にんしき》されていた場所のほうが多いことがわかります。ところが現在《げんざい》では、大野《おおの》と大原《おおはら》はほぼ同じくらいです。

また、右の分布図《ぶんぷず》のように、ノの下にハラがついたもの（たとえば大野原《おおのはら》）が、ハラの下にノ（たとえば大原《おおはら》野《の》）がついたものの十倍もあります。これは、もとになる大野《おおの》という地名があって、のちに「大野《おおの》」という固有名をもつハラ（つまり平《へい》坦地《たんち》）があると考えるようになったことを示《しめ》しています。

そこにはノがしだいに開拓《かいたく》されていく過程《かてい》と、ハラという言葉のほうがノよりも優勢《ゆうせい》になっていくようすがうかがえます。

さがして みよう　きみの近くのこんな地名

【毛無山《けなしやま》、ハゲ山《やま》、大野《おおの》、大原《おおはら》など】

北海道	小樽《おたる》市	毛無山《けなしやま》	石川県	白山《はくさん》市	上野《かみの》・下野《しもの》	岡山県	真庭《まにわ》市	毛無山《けなしがせん》
青森県	弘前《ひろさき》市	毛無山《けなしやま》	福井県	大野《おおの》市	塚原野《つかはらの》	広島県	庄原《しょうばら》市	毛無山《けなしやま》
岩手県	盛岡《もりおか》市	毛無森《けなしもり》	山梨県	早川町《はやかわちょう》	白剝山《しらはぎやま》	山口県	周防大島町《すおうおおしまちょう》	禿《はげ》　島《しま》
宮城県	白石《しろいし》市	毛無山《けなしやま》	長野県	飯田《いいだ》市	兀《はげ》　岳《たけ》	徳島県	吉野川《よしのがわ》市	毛《け》　無《なし》
秋田県	大仙《だいせん》市	赤禿山《あかはげやま》	岐阜県	恵那《えな》市	馬《うま》　禿《はげ》	香川県	東《ひがし》かがわ市	毛無島《けなしじま》
山形県	庄内町《しょうないまち》	藁田禿山《わらたはげやま》	静岡県	富士宮《ふじのみや》市	毛無山《けなしやま》	愛媛県	今治《いまばり》市	毛無島《けなしじま》
福島県	只見町《ただみまち》	荒禿山《あらはげやま》	愛知県	幸田町《こうたちょう》	大《おお》　草《くさ》	高知県	四万十《しまんと》市	大《おお》　野《の》
茨城県	水戸《みと》市	大《おお》　野《の》	三重県	紀北町《きほくちょう》	大《おお》　原《はら》	福岡県	北九州《きたきゅうしゅう》市	毛無島《けなしじま》
栃木県	日光《にっこう》市	シラハゲ沢《さわ》	滋賀県	高島《たかしま》市	明王《みょうおう》ノ禿《はげ》	佐賀県	唐津《からつ》市	大《おお》　野《の》
群馬県	沼田《ぬまた》市	尼ヶ禿山《あまがはげやま》	京都府	京丹後《きょうたんご》市	大《おお》　野《の》	長崎県	平戸《ひらど》市	ハゲ島《しま》
埼玉県	熊谷《くまがや》市	野《の》　原《はら》	大阪府	大阪《おおさか》市	阿倍野《あべの》	熊本県	宇城《うき》市	禿《はげ》の岬《みさき》
千葉県	市川《いちかわ》市	大《おお》　野《の》	兵庫県	三田《さんだ》市	大《おお》　原《はら》	大分県	大分《おおいた》市	旦野原《だんのはる》
東京都	大島町《おおしままち》	赤《あか》　禿《はげ》	奈良県	奈良《なら》市	若草山《わかくさやま》	宮崎県	日向《ひゅうが》市	小《こ》　原《ばる》
神奈川県	横須賀《よこすか》市	毛無島《けなしじま》	和歌山県	湯浅町《ゆあさちょう》	毛無島《けなしじま》	鹿児島県	天城町《あまぎちょう》	剝《はげ》　岳《だけ》
新潟県	糸魚川《いといがわ》市	赤禿山《あかはげやま》	鳥取県	鳥取《とっとり》市	毛無山《けなしやま》	沖縄県	久米島町《くめじまちょう》	大《おぉ》　原《はら》
富山県	上市町《かみいちまち》	赤《あか》ハゲ・白《しろ》ハゲ	島根県	安来《やすぎ》市	毛無越《けなしごえ》			

＊市町村名は 2011 年 1 月 1 日現在《げんざい》

川の地名いろいろ

◆水音や流れ、合流点などにちなむいろんな地名があります。

【ドウメキ・トドロキ・カワイ・セ・フチなど】

川での釣《つ》り。川の地名は、川の利用のしかたと深く関係しています。

▲轟《とどろ》の瀬《せ》（鹿児島《かごしま》県さつま町《ちょう》）

水音の地名

一本の川であっても、そのところどころにさまざまな地名がついています。まずは水の音に関係するおもしろい地名をみてみましょう。

【ドウメキ・トドロキなど】

「**百目鬼**」という地名があります。何と読むでしょう？　妖怪《ようかい》みたいですね。これは**ドウメキ**といって、川に関係のある地名です。ここでは川の流れに関係した地名をみていくことにしましょう。

ドウメキは「とどめく」という動詞《どうし》から出た言葉です。そんな言葉知らない？　では、「とどめく」の親戚《しんせき》にあたる「とどろく」はどうでしょう。これは今でもよく使っていますね。

「とどめく」は「とどろく」とだいたい同じ意味の古い言葉で、どちらも大きな音がすることを表しています。①がらがらっと音がする「がらめく」、音量はやや小さくなりますが、ざわざわしている「ざわめく」なども同類です。これらは**トドロキ**、**ザワメキ**、**ガラメキ**という地名になっています。

このように、地名には標準語《ひょうじゅんご》②としてまとまる以前の古い日本語がいろいろ出てきます。「**ドウメキ**」に先ほどの**百目鬼**《どうめき》のほか、**百目木**《どうめき》・**道目木**《どうめき》・**百笑**《どうめき》・**百目貫**《どうめき》・**百成**《どうめき》などさまざまな書き方があるのも、古い日本語にあとから漢字を当てはめたことを示《しめ》しています。

トドロキといえば、東京都世田谷《せたがや》区と神奈《かな》川《がわ》県川崎《かわさき》市中原《なかはら》区には、間に多摩川《たまがわ》をはさんで両岸に等々力《とどろき》があります。山梨《やまなし》県甲州《こうしゅう》市にも等々力《とどろき》があります。全国的には**轟**《とどろき》・**轟木**《とどろき》と表記する例が多いようです。

▲目がたくさんある妖怪《ようかい》の「百目鬼《どうめき》」。

①目と鬼《き》で「メキ」と読むのはいいとして、なぜ、百を「ドウ」と読むのか？　「百」は十かける十だからトオとトオ、つまりドドとなった。ドドを十たす十と考えて二十と書き、二十六木《とどろき》・廿六木《とどろき》とした例もある。

②【標準語《ひょうじゅんご》】…新聞・放送や国語教科書などで用いられる言葉。明治《めいじ》時代に、東京の山《やま》の手《て》といわれる地域《ちいき》で使われていた言葉がもとになっている。

轟は車が三台走ってくる激《はげ》しい音を表現《ひょうげん》する漢字で、「とどろく」「とどめく」両方の読み方があります。青森県深浦町《ふかうらまち》の驫木《とどろき》という地名では（左の図）、「車」のかわりに「馬」が使われています。

ドウドウ［**百々**］という地名も水音を表していかにも水がたくさん落ちてくる感じがしますが、実際《じっさい》に滝《たき》の名にもなっています（山口県萩《はぎ》市の「ドウドウの滝《たき》」）。**ドウドウ**は**ドンドン**とも言います。千葉県の袖ケ浦《そでがうら》市にはドンドン川という川もあります。

ところで、**ドウドウ**や**トドロキ**はいったいどんな場所についている地名なのでしょう？岩が露出《ろしゅつ》していたり、段差《だんさ》があったり、流れの速い瀬《せ》があったりして水が激《はげ》しく流れている場所がそうです。ゆったりと流れている川のどこかにそういう場所があると、とても目立つので地名になりやすいわけです。ぎゃくに流れの激《はげ》しい上流部でどこでも水音がしているような所では、地名になりにくいといえます。

川のようすが昔から変化していなければ、地名の元になった場所を特定することもできます。

全国の分布《ぶんぷ》をみると、**ドウメキ**は東北地方、**トドロキ**は九州、**ドウドウ**は中国地方に多く、分布《ぶんぷ》が重なる所もありますが、地域《ちいき》によって使い分けられている感じがします。

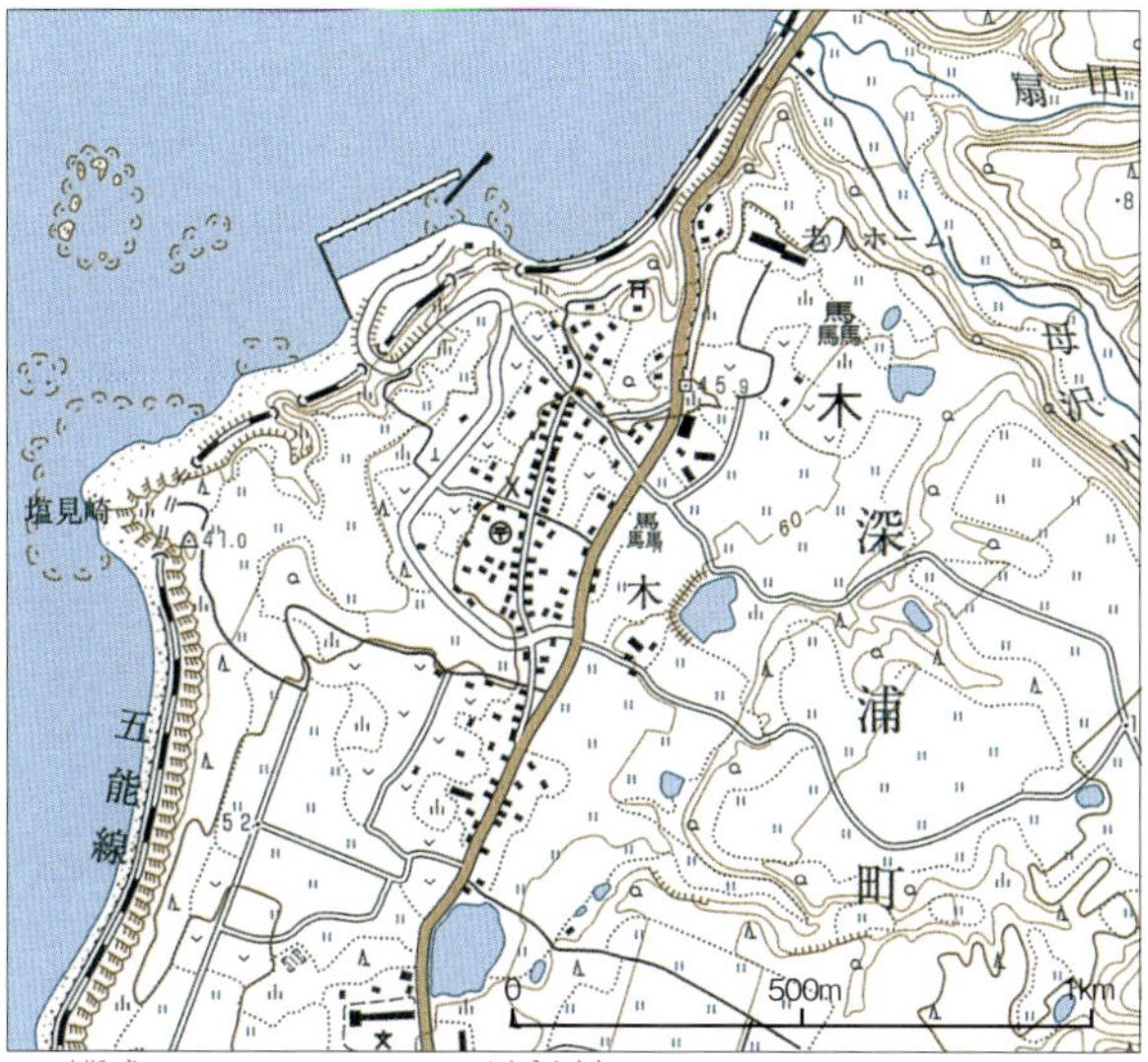

▲「驫木《とどろき》」の地名（青森県深浦町《ふかうらまち》）

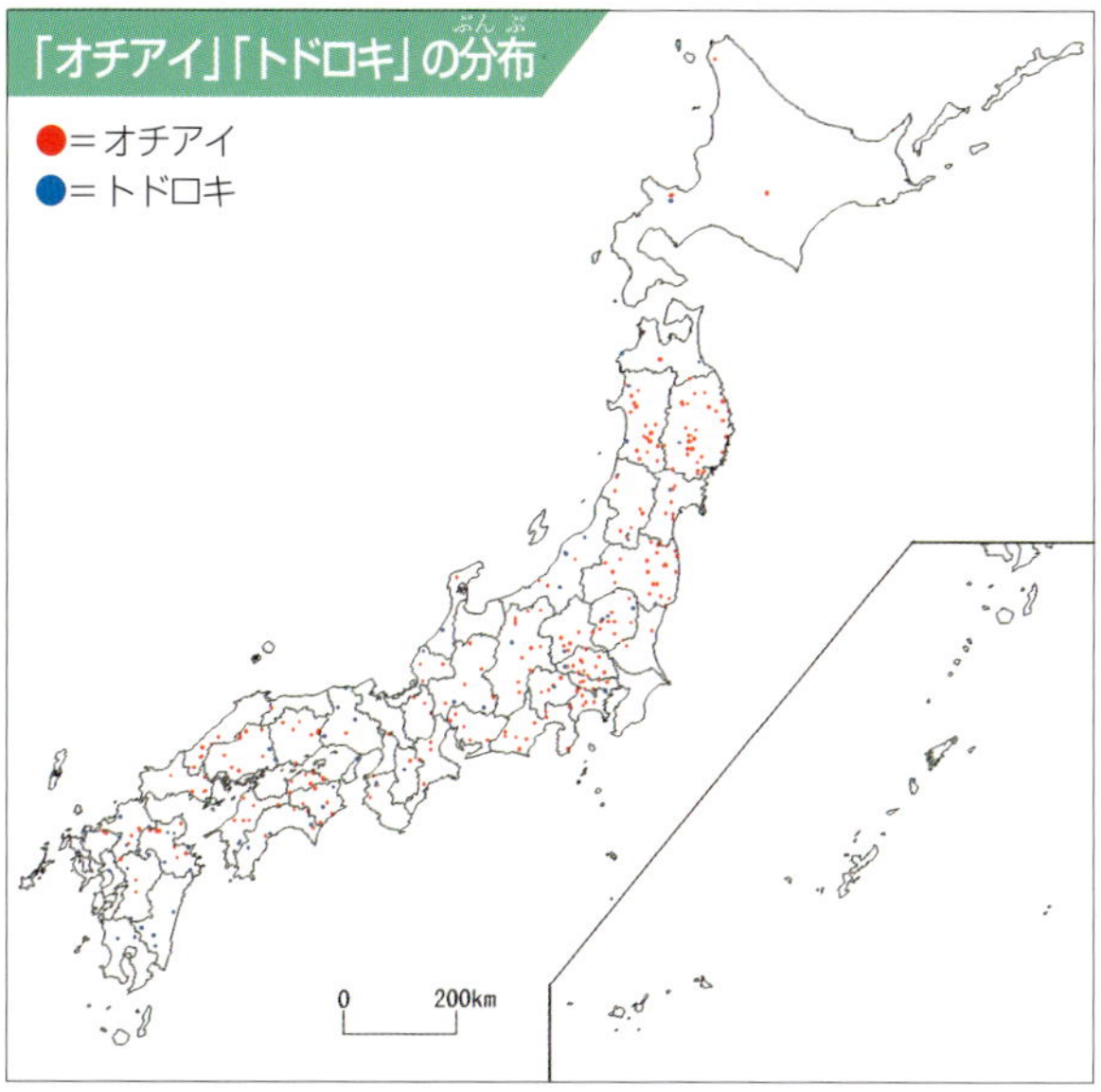

川と川との合流点の名は？

昔、川は海の幸や山の幸を運ぶ大事な交通路でした。人びとにとって、川はなくてはならない水の道だったのです。合流点には集落もできました。

【カワイ・デアイなど】

川と川が合流するところを何と呼《よ》ぶでしょうか？川と川が出会うので、**カワイ**［**河合・川井・川合**など］とか、**デアイ**［**出合**］、**オチアイ**［**落合**］といった地名ができました。**カワマタ**［**川又・川俣・川股**］は、川が二《ふた》股《また》になっていることを表したものです。**カワジリ**［**川尻**］とか**カワグチ**［**川口**］なども同

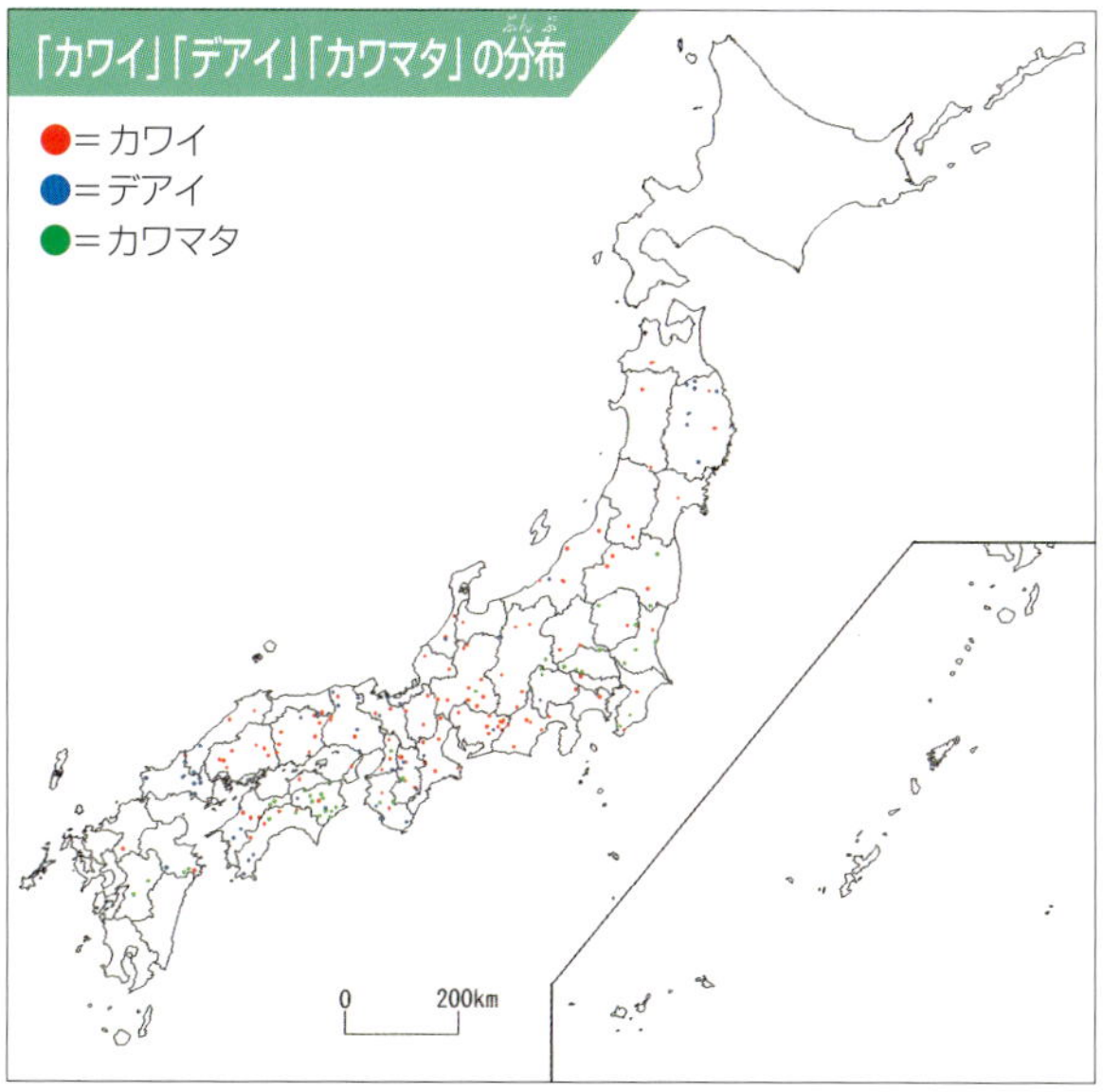

じように人の身体にたとえた表現《ひょうげん》です。昔の人は川を擬人化《ぎじんか》していたのかもしれません。**オチアイ**は全国に分布《ぶんぷ》していますが、**デアイ**は近畿《きんき》地方西部と中国・四国地方を中心とした地域《ちいき》に限られています。**カワイ**は近畿《きんき》地方を中心に中部・中国・四国地方に分布《ぶんぷ》し、九州や東北では少なくなっています。また、**カワマタ**の分布《ぶんぷ》は太平洋側に限《かぎ》られているのが特徴《とくちょう》です（前ページの分布図《ぶんぷず》）。

　どうしてこのような分布《ぶんぷ》になっているのでしょう。不思議ですね。

▲川と川との合流点には、「デアイ」「オチアイ」といった地名がつけられた。

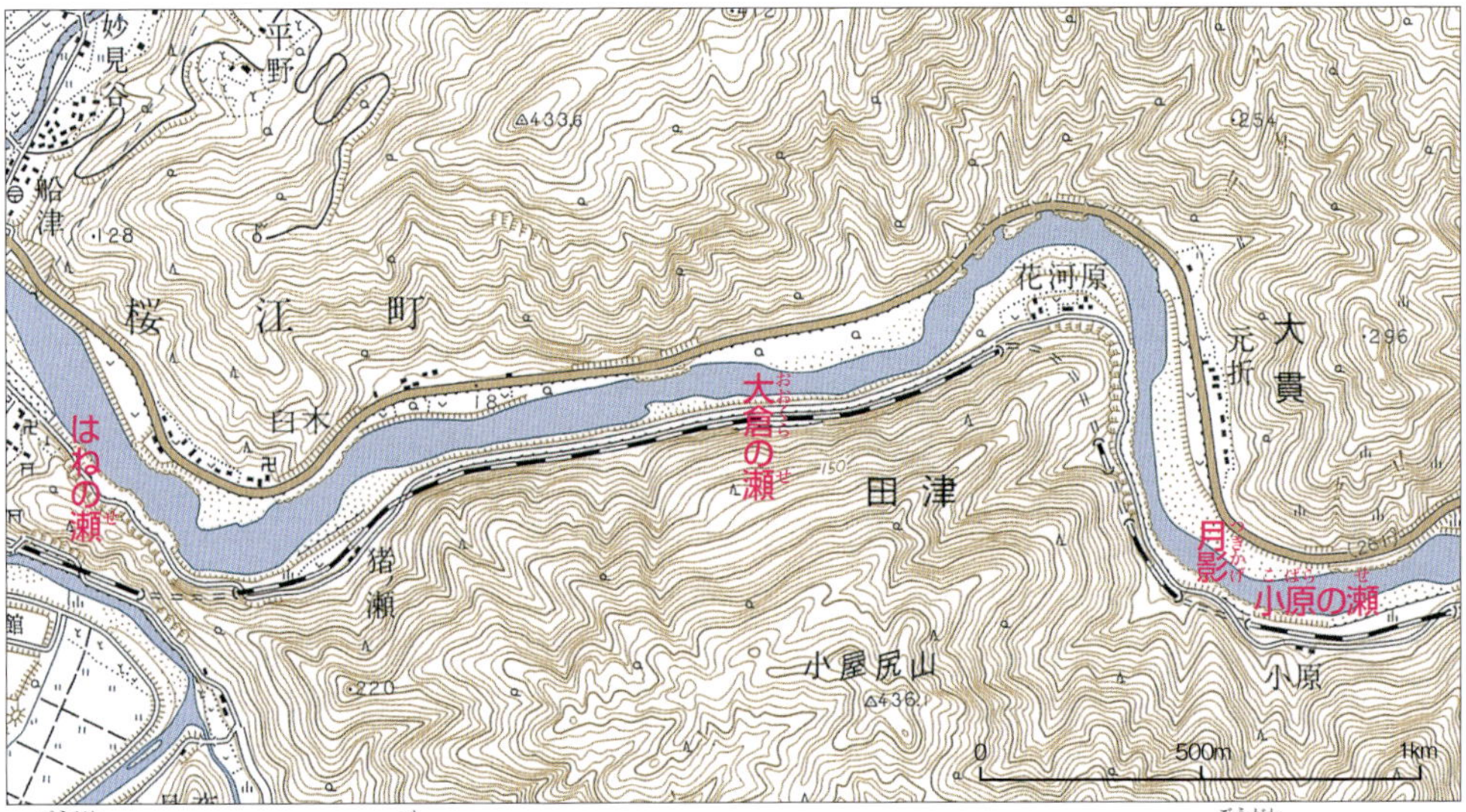

▲江川《ごうがわ》（島根県）の地名。「瀬」という地名に注目してみよう[3]。

▼上の地図付近の江川《ごうがわ》。

川の中の細かい地名

川には流れの速いところや、ゆっくり流れるところがあります。川に関わる人たちは、そこにもさまざまな地名をつけて利用してきました。

③…この図は『桜江町誌《さくらえちょうし》　上巻《じょうかん》』242ページの図をもとにした。

▲「セ」は浅くて速い流れ、「フチ」は深くてゆるやかな流れだ。

【セ・フチ】

右の中央の図は、島根県の江川《ごうがわ》の中にある地名です。これは鮎釣《あゆつ》りの場所を示《しめ》した地名で、ふつうの地図には載《の》っていません。ここにある地名の多くに**セ**［**瀬**］がついていますが、**セ**は川が浅く、流れが速くなっている所をいいます。鮎《あゆ》はこうした場所で釣《つ》れるわけです。

これに対して、川が深くてゆったり流れている所は**フチ**［**淵・渕**］といいます。川に沿《そ》った鉄道に乗る機会があれば、川をよく観察してみてください。川の中流部では、しばしば**フチ**と**セ**が交互《こうご》にあらわれます。

こうした地名は、地元の人でも知らないことがあります。暮《く》らしの中で川との関わりがなければ、知らなくてもいいからです。

地名は、地図に載《の》っているから存在《そんざい》しているのではなく、その地名を必要とする人たちに使用されることによって存在《そんざい》しているといえます。

○鐘ヶ淵《かねがふち》

東京都墨田《すみだ》区に、「鐘ヶ淵《かねがふち》」という地名があります。その地名は、ここを流れる隅田川《すみだがわ》の川筋《かわすじ》が直角に曲がっており、その形が大工さんの使うさしがね(直角に曲がった金属《きんぞく》のものさし)に似《に》ていることにちなむといわれています。

また、いまからおよそ400年前に、お寺の場所を移《うつ》すため、船で釣《つ》り鐘《がね》を運んでいたところ、このあたりで鐘《かね》を川に落としてしまい、それが引き上げられずに沈《しず》んだままになっているので、このような名前がついたともいわれています。

さがしてみよう きみの近くのこんな地名

【ドウメキ、ドウドウ、ザワメキ、トドロキ、デアイ、オチアイ、カワイなど】

北海道	赤井川村《あかいがわむら》	落《おち》 合《あい》	石川県	輪島《わじま》市	百《どう》 成《めき》	岡山県	美咲町《みさきちょう》	百《どう》 々《どう》
青森県	十和田《とわだ》市	百目木《どめき》	福井県	大野《おおの》市	落《おち》 合《あい》	広島県	東広島《ひがしひろしま》市	落《おち》 合《あい》
岩手県	花巻《はなまき》市	轟《とどろ》 木《き》	山梨県	南《みなみ》アルプス市	百《どう》 々《どう》	山口県	阿武町《あぶちょう》・萩《はぎ》市	ドウドウの滝《たき》
宮城県	大崎《おおさき》市	百々館《どうどうだて》	長野県	駒ヶ根《こまがね》市	百々目木《どどめき》	徳島県	三好《みよし》市	出《で》 合《あい》
秋田県	由利本荘《ゆりほんじょう》市	二十六木《とどろき》	岐阜県	関《せき》市	百々目木《どどめき》	香川県	観音寺《かんおんじ》市	百《どう》 々《どう》
山形県	庄内町《しょうないまち》	廿六木《とどろき》	静岡県	袋井《ふくろい》市	川《かわ》 井《い》	愛媛県	大洲《おおず》市	出《で》 合《あい》
福島県	二本松《にほんまつ》市	百目木《どうめき》	愛知県	田原《たはら》市	百《どう》 々《どう》	高知県	四万十《しまんと》市	百《どう》 笑《めき》
茨城県	ひたちなか市	沢《さわ》メキ	三重県	名張《なばり》市	百《ど》 々《ど》	福岡県	直方《のおがた》市	道目木《どうめき》
栃木県	さくら市	百目貫《どうめき》	滋賀県	甲賀《こうか》市	百々池《とどいけ》	佐賀県	佐賀《さが》市	落《おち》 合《あい》
群馬県	伊勢崎《いせさき》市	百《どう》 々《どう》	京都府	福知山《ふくちやま》市	上川合《かみがわい》・下川合《しもがわい》	長崎県	五島《ごとう》市	ドンドン淵滝《ぶちだき》
埼玉県	秩父《ちちぶ》市	川《かわ》 又《また》	大阪府	岸和田《きしわだ》市	河合町《かわいちょう》	熊本県	阿蘇《あそ》市	道目木《どうめき》
千葉県	袖ケ浦《そでがうら》市	百目木《どうめき》	兵庫県	豊岡《とよおか》市	轟《とどろき》	大分県	由布《ゆふ》市	落《おち》 合《あい》
東京都	日の出町《ひのでまち》	落《おち》 合《あい》	奈良県	御杖村《みつえむら》	川《かわ》 合《い》	宮崎県	西都《さいと》市	轟《とどろき》
神奈川県	横浜《よこはま》市	川《かわ》 井《い》	和歌山県	紀美野町《きみのちょう》	動《とどろ》 木《き》	鹿児島県	徳之島町《とくのしまちょう》	轟《とどろき》
新潟県	新潟《にいがた》市	柄目木《がらめき》	鳥取県	智頭町《ちづちょう》	出《で》 合《あい》			
富山県	富山《とやま》市	落合橋《おちあいばし》	島根県	松江《まつえ》市	同道川《どうどうがわ》			

＊市町村名は2011年1月1日現在《げんざい》

扇《せん》状《じょう》地《ち》の地名

【水無川《みずなしがわ》・清水《しみず》など】

特徴《とくちょう》ある土地のようすや開発の苦労が、地名からしのばれます。

日本の名水百選にも選ばれた小見川《おみがわ》（山形県）の豊《ゆた》かな湧水《ゆうすい》。

扇状地って、どんなもの？

扇状地《せんじょうち》は、川が山地から平野へ出るところにできる、左の写真のような扇型《おうぎがた》の地形です。傾斜《けいしゃ》が急にゆるやかになるので、川の流れもゆっくりになり、押《お》し流されてきた土砂《どしゃ》が扇《おうぎ》の形にたまっていくのです。

でも、土手に座《すわ》って一日中眺《なが》めていても、川が土砂《どしゃ》を運んでいるところなど観察できません。水が流れているだけです。

川が土砂《どしゃ》を運ぶのは、洪水《こうずい》の時です。上流の方へ行くと、川の中に松の木が生えた大きな岩が転がっていることがありますが、こうした岩も過去《かこ》のある時に洪水《こうずい》で流されてきたのです。松が成長するくらい長い年月、そこにとどまっているわけですが、いつかは大洪水《だいこうずい》でまた流されるでしょう。何百年も先のことかもしれませんが。

扇状地《せんじょうち》を形作る土砂《どしゃ》も、長い年月の間にくり返《かえ》し起きた洪水《こうずい》によってもたらされたのです。

【水無川《みずなしがわ》と清水《しみず》】

扇状地《せんじょうち》は、粒《つぶ》の大きな砂《すな》や小石でできています。そのため、扇状地《せんじょうち》を形成した川の水が地下にしみこんでしまい、河原《かわら》ばかりで水のない状態《じょうたい》になることがあります。これを水無川《みずなしがわ》といいます。小さな扇状地《せんじょうち》ほど傾斜《けいしゃ》が急で、石や砂《すな》の粒《つぶ》も大きくなりますから、水無川《みずなしがわ》ができやすくなります。

下は、岐阜《ぎふ》県養老町《ようろうちょう》の小倉谷扇状地《おぐらだにせんじょうち》にある川の写真です。水がないので、道路のように見えますね。

また、神奈川《かながわ》県秦野《はだの》市は、扇状地《せんじょうち》に広がる町ですが、ここには水無川《みずなしがわ》という名の川があり、弘法大師《こうぼうだいし》①にまつわる次のような伝説があります。

「昔、この川は水量が豊富《ほうふ》で、渡《わた》し舟《ぶね》があった。ある時、一文《いちもん》無しで長旅から帰ってきた地元の人が、渡《わた》し舟《ぶね》に乗ることを断《ことわ》られ、やむなく川を渡《わた》ろうとしておぼれ死《し》んだ。あわれに思った弘法大師《こうぼうだいし》は、川の水を干上《ひあ》がらせてしまった。」（『角川《かどかわ》日本地名大辞典』より）

川の水がなくなってしまうことは、地元の人にも不思議に思えたのですね。

▲岐阜《ぎふ》県の養老《ようろう》山地にある川。ふだんは水が流れていない。こういう川が「水無川《みずなしがわ》」だ。

① 【弘法大師《こうぼうだいし》】…平安《へいあん》時代の僧《そう》・空海《くうかい》（774～835 年）のこと。真言宗《しんごんしゅう》という仏教《ぶっきょう》の宗派《しゅうは》をひらいた。香川《かがわ》県にある満濃池《まんのういけ》というため池を修理《しゅうり》したことなどで知られ、書道家としても有名。事実が確認《かくにん》できないものもふくめ、全国各地に弘法大師《こうぼうだいし》の伝説が残っている。

▲京戸川扇状地《きょうどがわせんじょうち》（山梨県《やまなしけん》）。川が土砂《どしゃ》をおし運んできたようすがよくわかる。

扇状地の中央と端では…

扇状地《せんじょうち》の中央では水が得にくく、開発が遅《おく》れましたが、端《はし》では豊《ゆた》かな水が湧《わ》き出《だ》し、集落もできました。

左の図は、福井県《ふくいけん》越前市《えちぜんし》の味真野《あじまの》というところです。ここは浅水川《あそうずがわ》（文室川《ふむろがわ》）の扇状地《せんじょうち》で、「ノ［野］」という地名が示《しめ》すように、かつては原野が広がっていました。中央にある清水頭《しみずがしら》という町は、扇状地《せんじょうち》の端《はし》の湧水《ゆうすい》地点に位置する村から発達したもので、浅水川《あそうずがわ》という地名は、水が少ない川であることを示《しめ》しています。

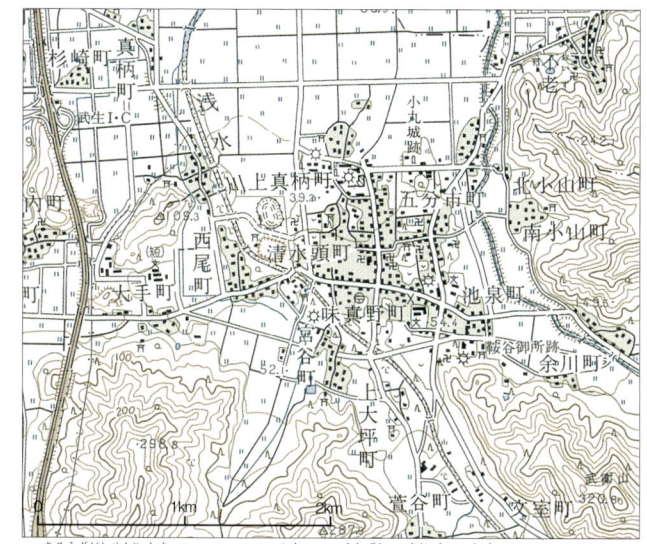

▲浅水川扇状地《あそうずがわせんじょうち》のようす（福井県《ふくいけん》越前市《えちぜんし》味真野町《あじまのちょう》）

▲扇状地《せんじょうち》の端《はし》にわき出す豊富《ほうふ》な水を求めて集落ができた。水の得にくい扇状地《せんじょうち》の中央には、水田ではなく畑がつくられた。

このページの中央の図は、山形県東根市《ひがしね》にある乱川扇状地《みだれがわせんじょうち》の西の端《はし》です。ここは半径が十キロを超《こ》える大型の扇状地《せんじょうち》です。ここにも大清水《おおしみず》という集落がありますね。羽入《はにゅう》、荷口《にくち》、大町《おおまち》、大清水《おおしみず》は、いずれも扇状地《せんじょうち》の末端《まったん》の湧《ゆう》水地帯《すいちたい》にあり、ここから西側は水が得られるので水田地帯となっています。

これに対し、東側の扇状地《せんじょうち》は水が少ないので、一面の果樹園《かじゅえん》となっています。山形空港もこの一角に造《つく》られています。羽入《はにゅう》と荷口《にくち》には小さな川（青い細い線で示《しめ》されています）がありますが、扇状地《せんじょうち》の端《はし》からわき出《だ》していることを地図で確認《かくにん》してください。このうち、小見《おみ》川《がわ》は「日本の名水百選」②にも選ばれており、豊富《ほうふ》な水を利用したマスの養殖《ようしょく》でも知られています。

このように、扇状地《せんじょうち》は、端《はし》の方では水が豊《ゆた》かなのに対し、中央の部分は水が得にくくてなかなか開発が進みませんでした。そのため、近年まで森林や原野におおわれていた場合もしばしば見られました。未開発の扇状地《せんじょうち》にみられる**ハラ**［**原**］とか**ノ**［**野**］といった地名がそのことを示《しめ》しています。

人びとは用水路を引いたり、ため池を造《つく》ったりして、苦労を重ねながら水田を開いていったのです。

▲乱川扇状地《みだれがわせんじょうち》のようす（山形県東根市《ひがしね》）。東側には果樹園《かじゅえん》が広がり、サクランボなどの名産地として知られている。

さがして みよう

きみの近くのこんな地名 【水無川《みずなしがわ》、原《はら》、清水《しみず》、泉《いずみ》など】

＊扇状地《せんじょうち》以外にも水がわき出《だ》す所の地名をふくむ。

北海道	美瑛町《びえいちょう》	**水無川《みずなしがわ》**	石川県	能美市《のみ》	**上清水《かみしみず》・下清水《しもしみず》**	岡山県	和気町《わけちょう》	**清水《しみず》**
青森県	弘前市《ひろさき》	**大清水《おおしみず》**	福井県	越前市《えちぜん》	**清水頭《しみずがしら》**	広島県	安芸高田市《あきたかた》	**水無《みずなし》**
岩手県	西和賀町《にしわがまち》	**水無川《みずなしざわ》**	山梨県	南《みなみ》アルプス市	**清水《しみず》**	山口県	岩国市《いわくに》	**水無川《みずなしがわ》**
宮城県	大崎市《おおさき》	**清水《しみず》**	長野県	佐久穂町《さくほまち》	**水無川《みずなしがわ》**	徳島県	三好市《みよし》	**水無《みずなし》**
秋田県	横手市《よこて》	**平清水《ひらしみず》・中清水《なかしみず》**	岐阜県	神戸町《ごうどちょう》	**和泉《いずみ》**	香川県	小豆島町《しょうどしまちょう》	**清水《しみず》**
山形県	鶴岡市《つるおか》	**水無川《みずなしがわ》**	静岡県	富士市《ふじ》	**今泉《いまいずみ》**	愛媛県	西条市《さいじょう》	**水無《みずなし》**
福島県	南会津町《みなみあいづまち》	**水無《みずなし》**	愛知県	稲沢市《いなざわ》	**清水《しみず》**	高知県	いの町《ちょう》	**清水《きよみず》**
茨城県	鹿嶋市《かしま》	**清水《しみず》**	三重県	津市《つ》	**清水《しみず》**	福岡県	筑後市《ちくご》	**和泉《いずみ》**
栃木県	大田原市《おおたわら》	**今泉《いまいずみ》**	滋賀県	彦根市《ひこね》	**小泉《こいずみ》**	佐賀県	佐賀市《さが》	**上和泉《かみいずみ》・下和泉《しもいずみ》**
群馬県	みなかみ町《まち》	**今泉《いまいずみ》**	京都府	井手町《いでちょう》	**水無《みづなし》**	長崎県	島原市《しまばら》	**水無川《みずなしがわ》**
埼玉県	深谷市《ふかや》	**今泉《いまいずみ》**	大阪府	茨木市《いばらき》	**清水《しみず》**	熊本県	八代市《やつしろ》	**水無川《みずなしがわ》**
千葉県	香取市《かとり》	**和泉《いずみ》**	兵庫県	神戸市《こうべ》	**水無川《みずなしがわ》**	大分県	佐伯市《さいき》	**水無《みずなし》**
東京都	杉並区《すぎなみ》	**清水《しみず》**	奈良県	香芝市《かしば》	**今泉《いまいずみ》**	宮崎県	椎葉村《しいばそん》	**水無川《みずなしがわ》**
神奈川県	秦野市《はだの》	**水無川《みずなしがわ》**	和歌山県	岩出市《いわで》	**清水《しみず》**	鹿児島県	阿久根市《あくね》	**水無川原《みずなしがわら》**
新潟県	湯沢町《ゆざわまち》	**水無川《みずなしがわ》**	鳥取県	伯耆町《ほうきちょう》	**水無原《みずなしばら》**	沖縄県	金武町《きんちょう》	**金武大川《きんおおかわ》**
富山県	富山市《とやま》	**今泉《いまいずみ》**	島根県	松江市《まつえ》	**清水《しみず》**		＊市町村名は2011年1月1日現在《げんざい》	

②**【日本の名水百選】**…貴重《きちょう》な水環境《みずかんきょう》の保護《ほご》を目的として、1985（昭和《しょうわ》60）年、環境庁《かんきょうちょう》（現在《げんざい》の環境省《かんきょうしょう》）が、きれいな水の残る全国100か所の湧水《ゆうすい》や川を指定した。

○地形図で観察してみよう

上の図は、新潟《にいがた》県南魚沼《みなみうおぬま》市の八色原扇状地《やいろはらせんじょうち》です。西を流れるのが信濃川《しなのがわ》ですが、扇状地《せんじょうち》の土砂《どしゃ》のために、流れが西側の山の方に押《お》しやられています。南東から流れる水無川《みずなしがわ》の堤防《ていぼう》から堤《てい》防《ぼう》までは100メートル以上ありますが、水無川《みずなしがわ》の本流はとても細いですね。

このことから、水無川《みずなしがわ》の水の大半は地下にもぐっていることと、水量が増《ま》した時にはかなりの量の水が流れ下ることがわかります。堤防《ていぼう》の幅《はば》を広く取ってあるのは、増水《ぞうすい》した時に洪水《こうずい》になるのを防《ふせ》ぐためです。

図の北西の岡新田《おかしんでん》にある水産試験場（新潟《にいがた》県内水面水産《ないすいめんすいさん》試験《しけん》場魚沼支場《じょううおぬましじょう》）に注目してください。試験場には人工の池が設《もう》けられていますが、水は近くの川から引かれています。この川の水源《すいげん》は水田の中にある池です。どうしてここに池があるのでしょう？　また、こんな小さな池で十分な水が得られるのでしょうか？　この池は扇状地《せんじょうち》の地下を流れた水が、扇状地《せんじょうち》の末端《まったん》でふたたび地上に出てきたものです。水量は豊富《ほうふ》で、試験場の池の水を十分まかなうことができます。地図の西南にある八色《やいろ》の森《もり》公園の池も、こうした池の一つです。

平坦地《へいたんち》の地名

【タイラ・ダバ・ナル・ノロなど】

平らな場所を表す地名は、なぜか山の中に多いのです。

▲八幡平《はちまんたい》（岩手県・秋田県）。平らで歩きやすく、貴重《きちょう》な植物なども見られるため、人気のハイキングコースだ。

木島平《きじまだいら》スキー場（長野県）。名前のとおり、山の中では平坦《へいたん》な地形です。

さまざまな平坦地の地名

人が住むには、平らな場所が必要です。山の中の平らな所を見つけて住み、田畑を開いて暮《く》らしてきたのです。平らな場所を示《しめ》す地名にはいろいろなものがあります。まずは名のとおりの「タイラ」からみていきましょう。

【タイラ】

土地が平坦《へいたん》であることを、ふつうは「たいらである」と表現《ひょうげん》します。「ひらたい」とも言います。この「タイラ」のつく地名の分布《ぶんぷ》を示《しめ》したのが下の図です。東日本に多く分布《ぶんぷ》しています。とくに長野県にはたくさんあります。

青森県や秋田県・岩手県には「タイ」という地名があります。「十和田《とわだ》・八幡平《はちまんたい》」はよく知られた観光地ですが、「平」と書いて「タイ」と読みます。「岱《たい》」という字もよく使われます。

「タイラ」の分布《ぶんぷ》

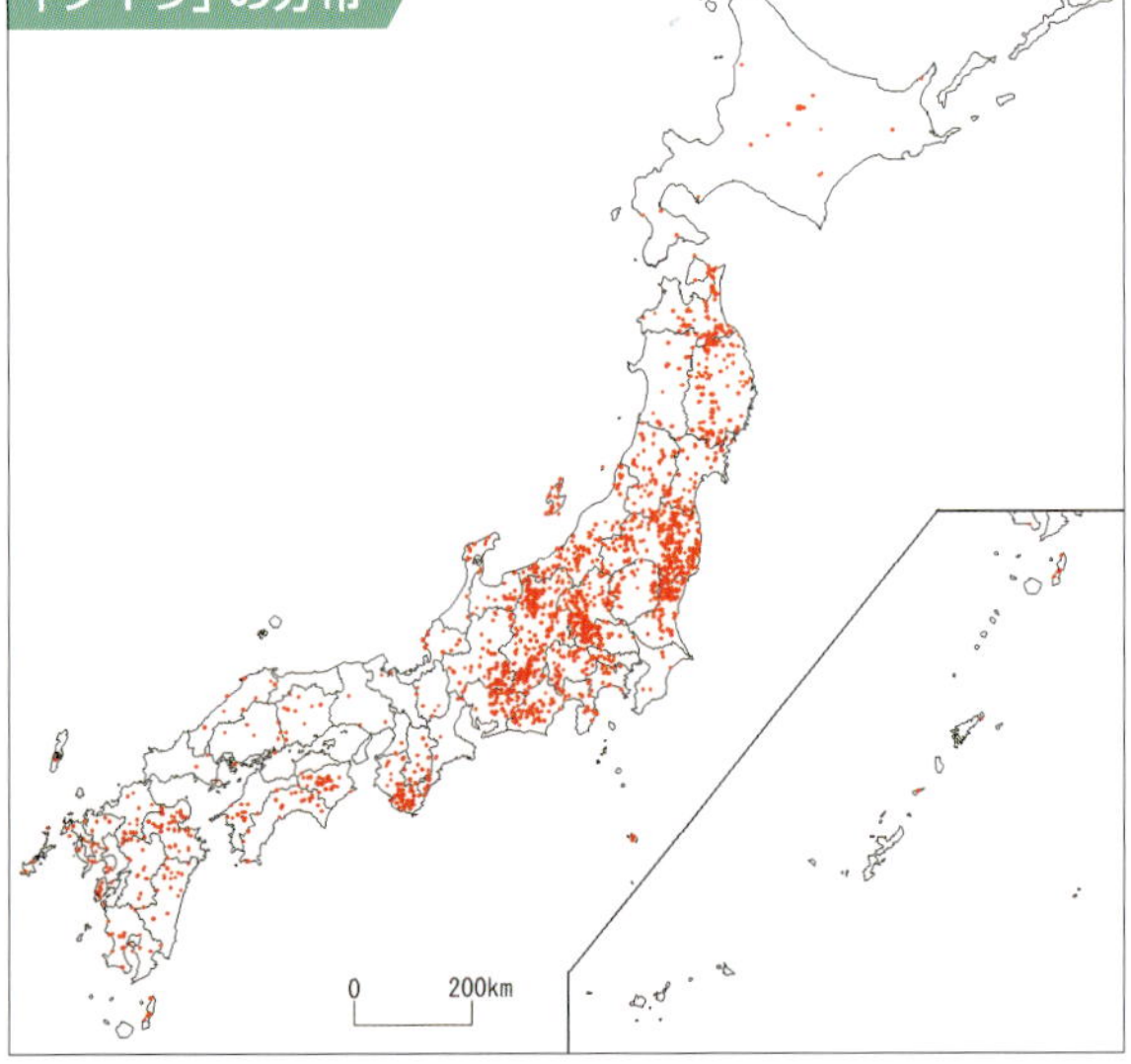

【ダバとナル・ノロ】

駄馬《だば》とは何でしょうか。標準語《ひょうじゅんご》①では、すぐれたところのない平凡《へいぼん》な馬のことですが、四国南東部の山中には、別の意味をもつダバ［駄馬・駄場］という地名がたくさんあります。

源氏ヶ駄場《げんじがだば》（次ページ左上の写真）は、愛媛《えひめ》県と高知県の県境《けんざかい》にある大きな石灰岩《せっかいがん》の山です。周辺はけわしい山岳地帯《さんがくちたい》ですが、この山の上には広大な平坦地《へいたんち》が広がっており、牧場として利用されています。観光地としても有名なところです。ダバは、こうした平らな場所を

① 【標準語《ひょうじゅんご》】…18 ページを見よう。

表す地名です。

ナルも、平らな所を表す地名です。愛媛《えひめ》県から岡山《おかやま》県・鳥取《とっとり》県にかけて分布《ぶんぷ》しており、漢字で書くと、「**成**」「**平**」となります。大山《だいせん》は中国地方を代表する火山ですが、山すそのゆるやかな傾斜地《けいしゃち》には鏡ヶ成《かがみがなる》といった地名がつけられています。

土地を平らにすることを「ならす」と言いますが、**ナル**の意味はここから来ているのでしょう。奈良《なら》市の奈良《なら》もこれが語源《ごげん》であるとされています。奈良《なら》県には「**ナラ**」のつく地名が数十あります。

ノロは**野呂**と書き、やはり平らな場所をあらわす地名です。**ナル**と言葉の感じが似《に》ていますね。分布《ぶんぷ》も岡山《おかやま》県と広島県東部で重なっていますから、**ナル**が少し変化した地名でしょう。

▲源氏ヶ駄場《げんじがだば》（愛媛《えひめ》県・高知県）。けわしい山の上に、平らな土地が広がる。牧場として利用されている。

このあたりには、川沿《かわぞ》いには平地が少なく、山が迫《せま》っているのに、山頂部《さんちょうぶ》には平地が広がっているという地形がみられます。こうした場所を、**ノロ**と呼《よ》びます。広島県の庄原《しょうばら》市には、宇山野呂《うやまのろ》という標高五〇〇メートルの石灰岩《せっかいがん》の台地が広がっています。

【ハエ・ヤエ】

タイラは、四国西部や中国地方に空白の地《ち》域《いき》があります。ここでは**ダバ**・**ナル**・**ノロ**などが代わりに使われているからですね。

また、九州の南部も少し少ないようです。ここには**ハエ**・**ヤエ**［**八重**］という地名が分《ぶん》布《ぷ》しています。やはり山中の平坦地《へいたんち》です。

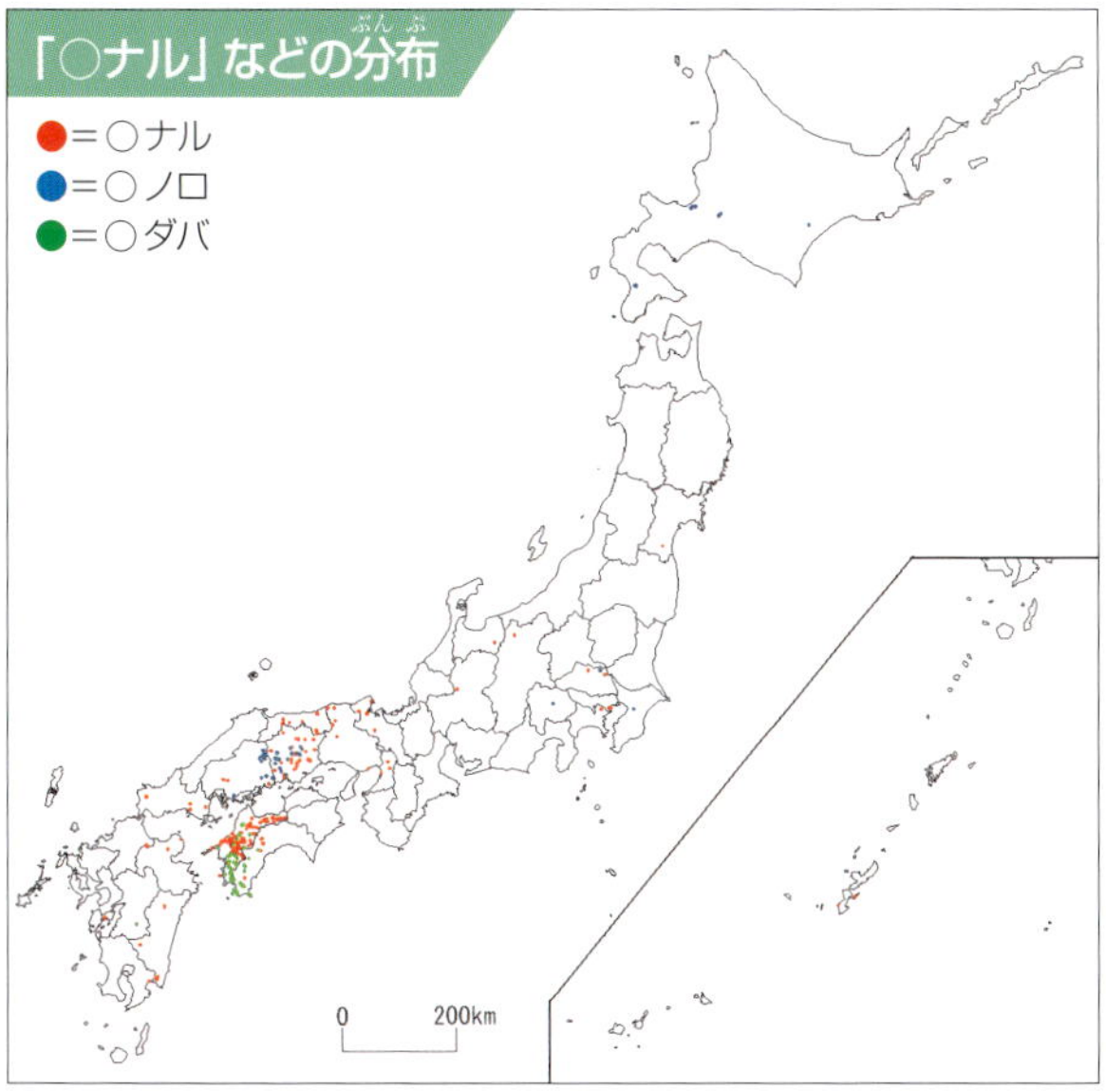

なぜ山の中に多い？

ところで、平らな土地を表す地名は、もともと平らな場所、つまり平野にたくさん分布《ぶんぷ》していると思うかもしれません。ところが、こうした地名は山の中に多いのです。なぜでしょうか？

もう一度、右の「**タイラ**」の分布《ぶんぷ》を見てください。関東平野や新潟《にいがた》平野、濃尾《のうび》平野など大きな平野にはなく、それを取《と》り巻《ま》く山の方にありますね。

「**タイ**」も青森・秋田・岩手の三県にまた

▲立体的な地形図で見た平八重《ひらばえ》（宮崎《みやざき》県都城《みやこのじょう》市）のようす。山が連なる中に平らな土地があることがわかる。

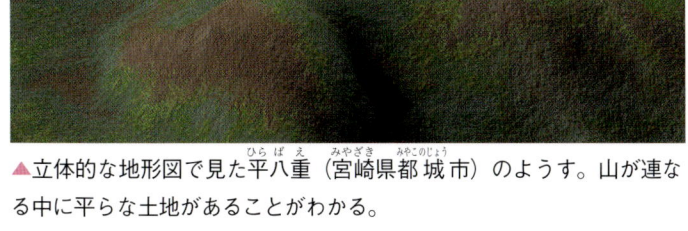

がる山岳《さんがく》地帯に分布《ぶんぷ》しています。これはなぜでしょうか。

▲人が暮《く》らしていく上で、山の中の平らな土地は貴重《きちょう》だ。

ある場所に地名がつけられるには、そこが周囲と違《ちが》う場所であることが必要です。どのように違《ちが》うかはさまざまです。地形が違《ちが》う、生えている植物が違《ちが》う、田畑の土の質《しつ》が違《ちが》う、目立つ建物がある、あるいは目には見えないけれども神様がいる場所である、古い歴史や伝説と結びついた場所である、など。

では、山の中で周囲と違《ちが》うのはどんなところかというと、平らな土地です。急傾斜《きゅうけいしゃ》の所が大半を占《し》める山の中で、平らな土地は人が田畑を作って生活できる貴重《きちょう》な場所です。人びとはそういう所を見つけて注意を払《はら》い、地名をつけたのです。

ぎゃくに平野では平らな所ばかりですから、区別するにはそれ以外の特徴《とくちょう》をもとに地名をつける必要があります。

こうして山の中には「**タイラ**」という地名がたくさんつけられますが、今度はそれをひとつずつ区別する必要があります。そのため、そのあたりでいちばん広いものは「**大平**《おおだいら》」、目印になるようなケヤキの木が生えているものは「**欅平**《けやきだいら》」、お地蔵様《じぞうさま》があるものは「**地蔵**《じぞう》**平**《だいら》」といった地名ができるのです。

○天狗《てんぐ》の苗代《なわしろ》

苗場山《なえばさん》は、長野県と新潟県《にいがたけん》の境《さかい》にある標高2145メートルの大きな山です。

この山の頂上《ちょうじょう》にはかなり広い平《へい》坦地《たんち》があり、池や湿原《しつげん》が広がっています。

それが水田のように見えるので、昔の人には不思議に思えたのでしょう。神様や天狗《てんぐ》が田を作っていると考えました。苗場山《なえばさん》という山名も、稲《いね》の苗《なえ》を育てる苗代田《なわしろだ》に由来します。

秋田県の田代岳《たしろだけ》も、頂上《ちょうじょう》の湿原《しつげん》を、やはり水田を意味する「田《た》代《しろ》」と呼《よ》んだことによる地名です。

さがしてみよう　きみの近くのこんな地名

【タイラ、タイ、ノロ、ナル、ダバ、ハエなど】

北海道	上士幌町《かみしほろちょう》	黒石平《くろいしだいら》	石川県	輪島市《わじま》	平《たいら》	岡山県	高梁市《たかはし》	野《の》　呂《ろ》
青森県	青森市《あおもり》	毛無岱《けなしたい》	福井県	越前町《えちぜんちょう》	梨子ヶ平《なしがたいら》	広島県	庄原市《しょうばら》	飛田野呂《ひだのろ》
岩手県	二戸市《にのへ》	槻木平《つきのきたい》	山梨県	笛吹市《ふえふき》	南野呂《みなみのろ》	山口県	岩国市《いわくに》	鳴《なる》
宮城県	白石市《しろいし》	小久保平《こくぼだいら》	長野県	長野市《ながの》など	善光寺平《ぜんこうじだいら》	徳島県	美馬市《みま》	木屋平《こやだいら》
秋田県	鹿角市《かづの》	熊取平《くまとりたい》	岐阜県	高山市《たかやま》	上野平《うわのだいら》	香川県	三豊市《みとよ》	泉《いずみ》　平《だいら》
山形県	米沢市《よねざわ》	若女平《わかめだいら》	静岡県	浜松市《はままつ》	和泉平《いずみだいら》	愛媛県	鬼北町《きほくちょう》	延川駄馬《のぶかわだば》
福島県	福島市《ふくしま》	浄土平《じょうどだいら》	愛知県	岡崎市《おかざき》	生平町《おいだいらちょう》	高知県	四万十市《しまんと》	栗《くり》の木駄馬《きだば》
茨城県	常陸太田市《ひたちおおた》	○○平《たいら》(多数あり)	三重県	四日市市《よっかいち》	高花平《たかはなだいら》	福岡県	久留米市《くるめ》	平《たいら》
栃木県	日光市《にっこう》	モッコ平《だいら》	滋賀県	大津市《おおつ》	比叡平《ひえいだいら》	佐賀県	佐賀市《さが》	萩《はぎの》　平《たいら》
群馬県	藤岡市《ふじおか》	大《おお》　平《だいら》	京都府	舞鶴市《まいづる》	平《たいら》	長崎県	佐世保市《させぼ》	平《たいら》
埼玉県	秩父市《ちちぶ》	椚《くぬぎ》　平《だいら》	大阪府	茨木市《いばらき》	穂積台《ほづみだい》	熊本県	相良村《さがらむら》	牛駄馬《うしだば》
千葉県	千葉市《ちば》	野《の》　呂《ろ》	兵庫県	香美町《かみちょう》	池ケ平《いけがなる》	大分県	九重町《ここのえまち》	寺《てら》　床《とこ》
東京都	八王子市《はちおうじ》	平《たいら》	奈良県	野迫川村《のせがわむら》	平《たいら》	宮崎県	西都市《さいと》	尾八重《おはえ》
神奈川県	箱根町《はこねまち》	二ノ平《にのたいら》	和歌山県	かつらぎ町《ちょう》	平《たいら》	鹿児島県	志布志市《しぶし》	風八重《かざはえ》
新潟県	柏崎市《かしわざき》	宮《みや》　平《だいら》	鳥取県	倉吉市《くらよし》・日野町《ひのちょう》	笹ヶ成《ささがなる》	沖縄県	名護市《なご》	田井等《たいら》
富山県	立山町《たてやままち》	池《いけ》の平《だいら》	島根県	東出雲町《ひがしいずもちょう》	野《の》　呂《ろ》			

＊市町村名は2011年1月1日現在《げんざい》

谷の地名（1）

【タニ・サワ・サコ・ホラ】

親不知《おやしらず》・子不知《こしらず》（新潟県《にいがたけん》）。日本の東西を分ける日本アルプスの突端《とったん》にあります。

同じ谷の地形でも、東日本と西日本では呼《よ》び方《かた》が異《こと》なります。

地域によって違う地名

同じ地形を意味する地名でも、呼《よ》び方《かた》が東日本と西日本で違《ちが》うことがあります。その代表がタニ［谷］とサワ［沢］です。

【タニとサワ】

タニという言葉を知っているでしょう。漢字では谷ですが、ヤという言葉とまぎらわしいので、タニと書くことにします。

タニは山と山の間、川が流れているような低い所を指す地形の地名です。折り紙の本では折り方を谷折り・山折りと表現《ひょうげん》しますし、休みの間に一日だけ平日が入ることを「連休の谷間」、野球で先発投手陣《とうしゅじん》がいない試合を「ローテーションの谷間」と言うように、もののたとえにもよく使われています。

いっぽう、**サワ**という地名があります。これも谷間の地形を表す言葉ですが、「連休の沢間《さわま》」とか「沢《さわ》折り」とは言いません。言葉としてはタニにかなわないようです。

でも、地図帳で探《さが》してみると、**サワ**のつく地名はいくつもあります。藤沢《ふじさわ》（神奈川県《かながわけん》）、三沢《みさわ》（青森県）、軽井沢《かるいざわ》（長野県）、米沢《よねざわ》（山形県）、これらは市や町の名前です。丹沢《たんざわ》（神奈川県《かながわけん》）のように山地の地名もあります。いま例にあげた地名には共通点があります。ぜんぶ東日本の方にあるのです。もっとたくさんの地名について調べたのが下の分布図《ぶんぷず》です。東に集中していますね。

いっぽう、**タニ**は西に集中しています。ちょうど日本を東西に二分する形になっています。その境界《きょうかい》は新潟県《にいがたけん》と富山県《とやまけん》、長野県と岐阜県《ぎふけん》、静岡県《しずおかけん》と愛知県の間にあります。とくに北の方は境《さかい》がはっきりしています。

そのあたりを拡大《かくだい》してみましょう（次ページ上の写真・図）。ここには三千メートル級の山やまが連なる日本アルプスがあります。これを越《こ》えて行き来するのは大変でした。日本アルプスが海にぶつかるあたりに、親不知《おやしらず》・子不知《こしらず》という地名があります（タイトル下の写真）。ここには昔、北陸道《ほくりくどう》という重要な街道が通っていましたが、高い山が海まで迫《せま》っているので浜《はま》づたいに歩くしかなく、海が荒《あ》れると大変危険《きけん》で、親子であっても自分のことで精一杯《せいいっぱい》、たがいのことを気にかける余裕《よゆう》がない、ということから生まれた地名です。

このように、けわしい山脈が大きな障壁《しょうへき》になっているために、地名も東西で異《こと》なっているのです。この線を境《さかい》として西日本と東日本が分かれることを覚えておいてください。

「○谷《たに》」「○沢《さわ》」の分布《ぶんぷ》

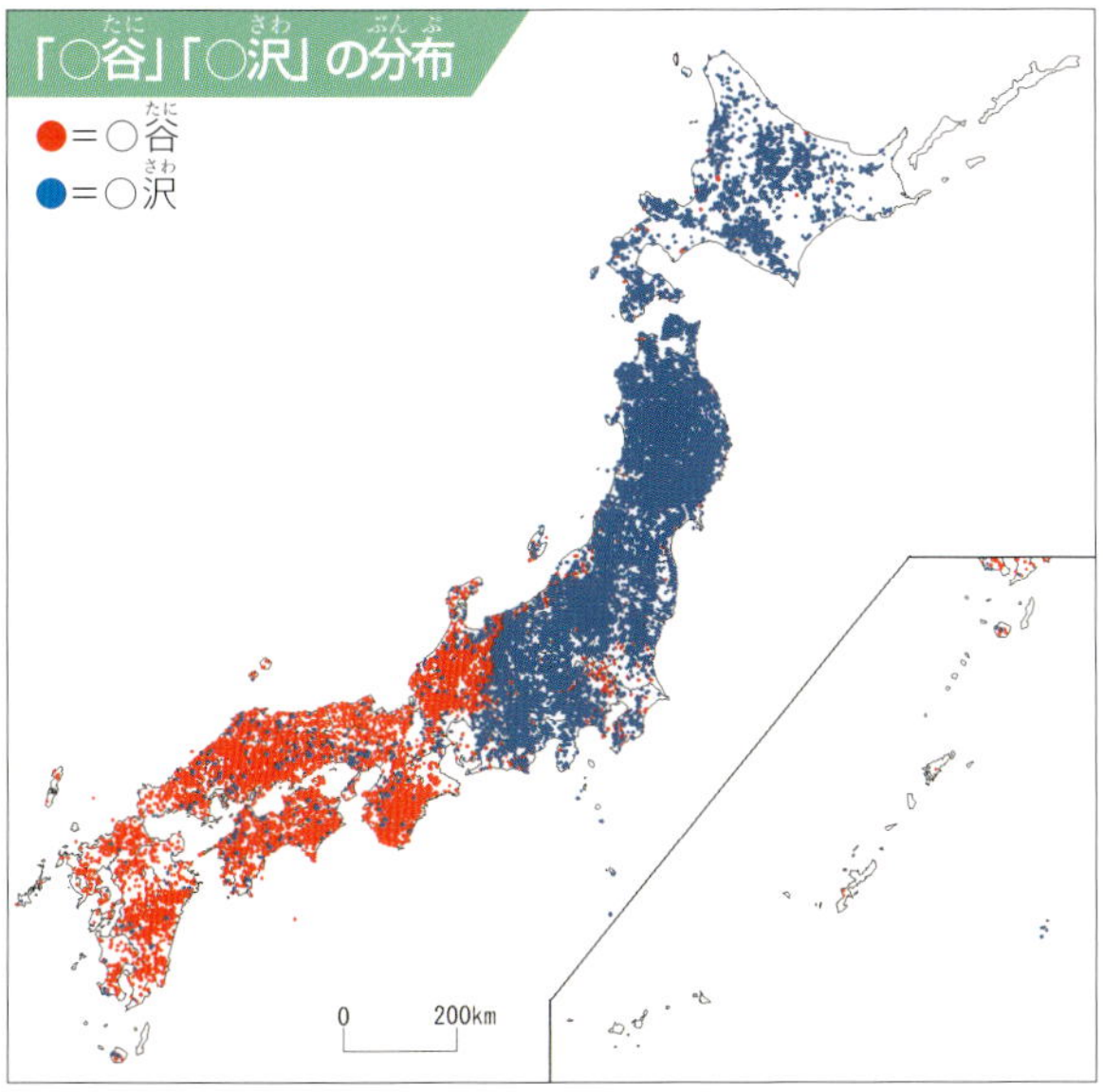

谷の呼び方、そのほか

谷の呼《よ》び方《かた》はまだまだ、さまざまです。では、どう使い分けているのでしょう? それにはわけがあるのです。

【サコとホラ】

サコ［**迫**など］も、谷間を表す地名です。東日本の人はなじみがないかもしれませんが、西日本では大迫《おおさこ》さん、長迫《ながさこ》さんなど名字にもなっています。地名の数は少なく、下の図のような分布《ぶんぷ》になっています。**タニ**と比《くら》べると、分布《ぶんぷ》する範囲《はんい》が狭《せま》くなっています。でも、中国地方や九州では、同じところに**タニ**と**サコ**との両方があるわけです。谷間の地名がなぜ二種類あるのでしょうか。

一つの大きな谷を思い浮《う》かべてください。谷を流れる川には支流《しりゅう》があります。支流《しりゅう》の一つ一つが小さな谷をつくっています。この小さい谷が**サコ**、大きな谷が**タニ**、たとえばそういうふうに区別をするのです。次のところで登場する**ヤ**、**ヤト**、**ヤツ**と、**サワ**の関係もこれと同じです。谷の大きさだけでなく、谷

▲富山《とやま》県富山《とやま》市から見た北アルプス。巨大《きょだい》な山なみがそそり立つ。

▲立体的な地形図で見た日本海側からの日本アルプス。人びとが行き来するのに、これらのけわしい山やまが大きな障壁《しょうへき》となってきた。

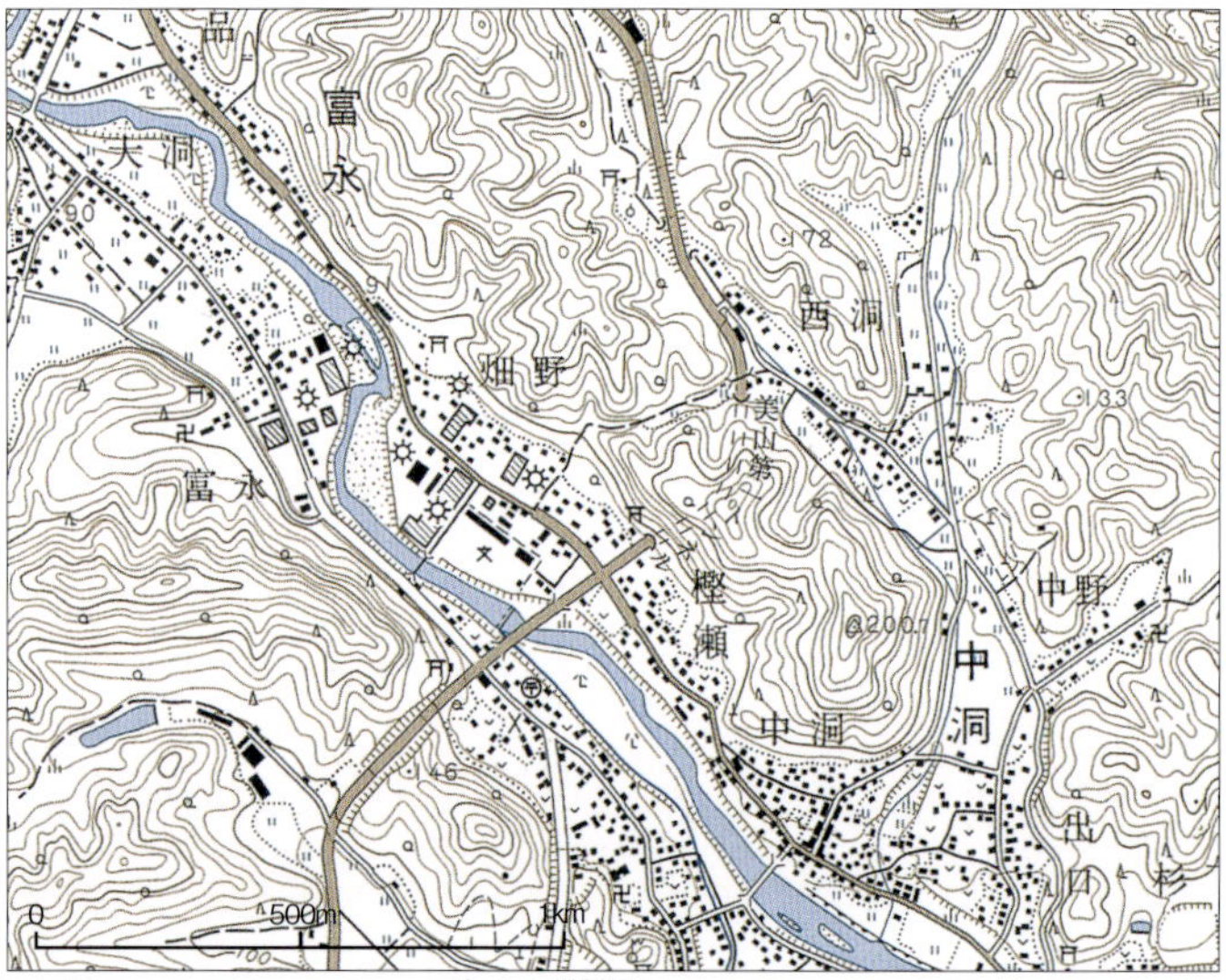

▲「洞《ほら》」のつく地名の例（岐阜《ぎふ》県山県《やまがた》市）

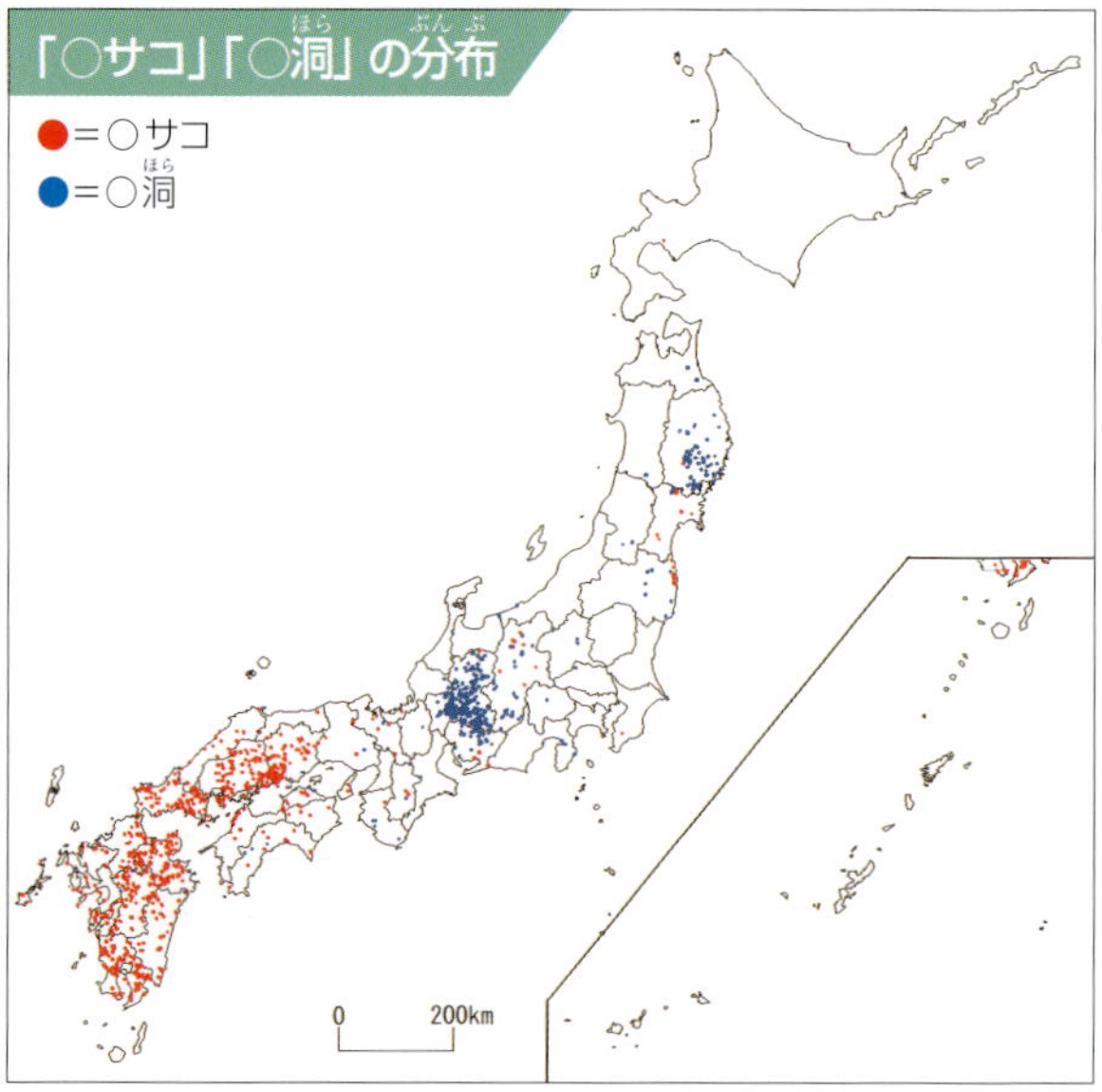

底に平らな土地があるかないか、という区別も重要です。

わざわざこうした区別をするのは、人の暮《く》らしの中で、**サコ**は谷底に平らな場所があり、田や畑を作れる場所だったからだと思われます。谷間であればどんな地形でもいちおう**タニ**と呼《よ》べますが、全部を**サコ**とは言わないのです。

岐阜《ぎふ》県には**ホラ**のつく地名がたくさんあります。**洞**《ほら》という字を書き、大洞《おおぼら》・中洞《なかほら》・北洞《きたぼら》など、集落の名前になっています。岩手県にもたくさんありますが、他の地域《ちいき》には多くありません。

ホラも谷の地形を表す地名の一つですが、そうした場所に集落ができやすかったことから、村を意味する地名に変化したと考えられています。

▲朽木谷《くつきだに》（滋賀《しが》県高島《たかしま》市）。谷間に沿《そ》って、若狭《わかさ》（福井《ふくい》県）と京都を結ぶ街道《かいどう》が通る。日本海でとれた鯖《さば》などを都に運ぶルートだったため、「鯖街道《さばかいどう》」と呼《よ》ばれる。

さがしてみよう きみの近くのこんな地名 【タニ、サワ、サコ、ホラ】

北海道	松前町《まつまえちょう》	大《おお》沢《さわ》	石川県	志賀町《しかまち》	火打谷《ひうちだに》	岡山県	瀬戸内《せとうち》市	福《ふく》谷《たに》
青森県	五所川原《ごしょがわら》市	戸《と》沢《ざわ》	福井県	越前町《えちぜんちょう》	天《あま》谷《だに》	広島県	尾道《おのみち》市	大《おお》迫《さこ》
岩手県	矢巾町《やはばちょう》	白《しら》沢《さわ》	山梨県	鳴沢村《なるさわむら》	鳴《なる》沢《さわ》	山口県	萩《はぎ》市	河井迫《かわいさこ》
宮城県	仙台《せんだい》市	富《とみ》沢《ざわ》	長野県	佐久《さく》市	大《おお》沢《さわ》	徳島県	徳島《とくしま》市	佐《さ》古《こ》
秋田県	鹿角《かづの》市	小豆沢《あずきざわ》	岐阜県	高山《たかやま》市	大《おお》洞《ほら》	香川県	東《ひがし》かがわ市	大《おお》谷《たに》
山形県	尾花沢《おばなざわ》市	蘆《あし》沢《ざわ》	静岡県	御殿場《ごてんば》市	保土沢《ほとざわ》	愛媛県	大洲《おおず》市	大《おお》谷《たに》
福島県	郡山《こおりやま》市	梅《うめ》沢《ざわ》	愛知県	岡崎《おかざき》市	洞《ほら》	高知県	大月町《おおつきちょう》	竜《たつ》ヶ迫《さこ》
茨城県	大子町《だいごまち》	大《おお》沢《さわ》	三重県	いなべ市	大《おお》谷《たに》	福岡県	行橋《ゆくはし》市	袋《ふくろ》迫《さこ》
栃木県	日光《にっこう》市	赤《あか》沢《ざわ》	滋賀県	高島《たかしま》市	黒《くろ》谷《だに》	佐賀県	玄海町《げんかいちょう》	畑《はた》ノ迫《さこ》
群馬県	太田《おおた》市	福《ふく》沢《ざわ》	京都府	福知山《ふくちやま》市	梅《うめ》谷《だに》	長崎県	雲仙《うんぜん》市	大《おお》迫《さこ》
埼玉県	秩父《ちちぶ》市	品《しな》沢《ざわ》	大阪府	大阪《おおさか》市	谷《たに》町《まち》	熊本県	八代《やつしろ》市	猫《ねこ》谷《たに》
千葉県	いすみ市	榎《えのき》沢《さわ》	兵庫県	篠山《ささやま》市	箱《はこ》谷《だに》	大分県	竹田《たけた》市	長《なが》迫《さこ》
東京都	奥多摩町《おくたままち》	倉《くら》沢《さわ》	奈良県	川上村《かわかみむら》	迫《さこ》	宮崎県	小林《こばやし》市	水流迫《つるざこ》
神奈川県	藤沢《ふじさわ》市	菖蒲沢《しょうぶざわ》	和歌山県	田辺《たなべ》市	野々垣内谷《ののがいとだに》	鹿児島県	鹿児島《かごしま》市	犬《いぬ》迫《ざこ》
新潟県	関川村《せきかわむら》	湯《ゆ》沢《さわ》	鳥取県	鳥取《とっとり》市	百《もも》谷《だに》	沖縄県	北谷町《ちゃたんちょう》	北《ちゃ》谷《たん》
富山県	小矢部《おやべ》市	横《よこ》谷《だに》	島根県	雲南《うんなん》市	長《なが》迫《さこ》			

＊市町村名は2011年1月1日現在《げんざい》

谷の地名（2）

◆水田に向いた台地の谷間。暮《く》らしと関わりの深い地形です。

【ヤ・ヤツ・ヤト・ヤチ・ヤダ】

渋谷《しぶや》の道玄坂《どうげんざか》（東京都）。渋谷《しぶや》駅に向かって下り坂が続きます。

台地に入りこんだ谷

関東地方には、台地に入りこんだ谷間をさす似《に》た言葉がいくつかあります。人びとはそこに湧《わ》く水を利用して水田を作ってきました。

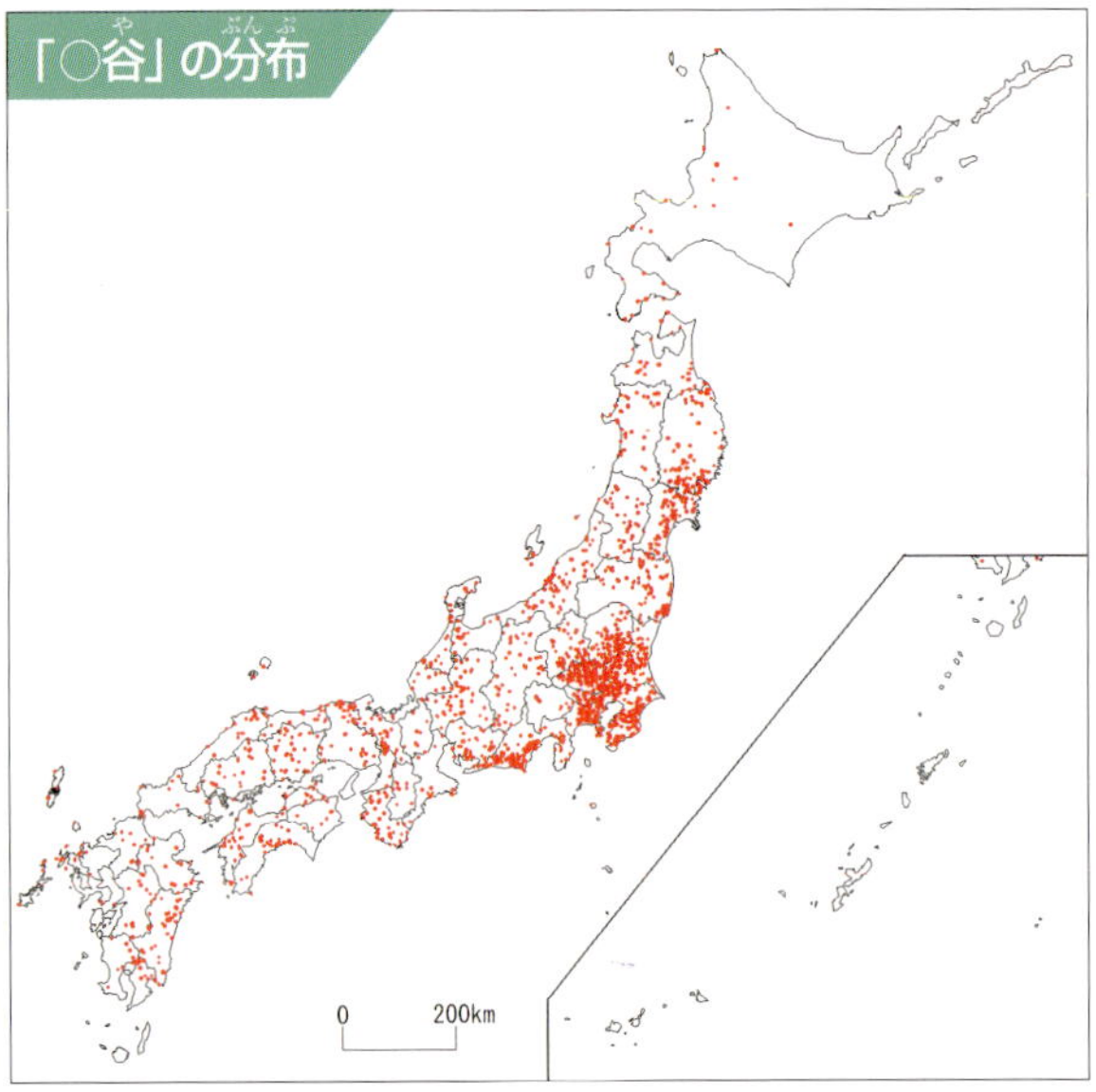

【ヤ】

渋谷《しぶや》といえば東京の代表的な繁華街《はんかがい》として有名ですから、たいていの人が、「シブヤ」と読めると思います。谷と書いて「タニ」ではなく「ヤ」と読む。東京のあたりには、四谷《よつや》、世田谷《せたがや》、越谷《こしがや》、瀬谷《せや》など、そういう地名がたくさんあります。

でも、全国どこでもそうなっているわけではありません。**渋谷《しぶや》**という地名がどこにあるか調べてみると、「渋谷」と書いて**シブタニ**と読む地名が西の方に分布《ぶんぷ》していて、**シブヤ**は東の端《はし》の方にしかありません。

では、**渋谷《しぶや》**をふくめて、谷を**ヤ**と読む地名はどの辺にあるのでしょうか。上の分布図《ぶんぷず》は、**谷**「**ヤ**」で終わる地名を示《しめ》したものです。全国的に分布《ぶんぷ》していますが、関東地方にとくに多いことがわかります。では、**ヤ**とはどんな意味なのでしょうか。

【渋谷《しぶや》の地形】

渋谷《しぶや》は坂の町です。ＪＲ《ジェイアール》渋谷《しぶや》駅を降《お》りて山手線《やまてせん》から離《はな》れる方へ歩いていくと、道玄坂《どうげんざか》、

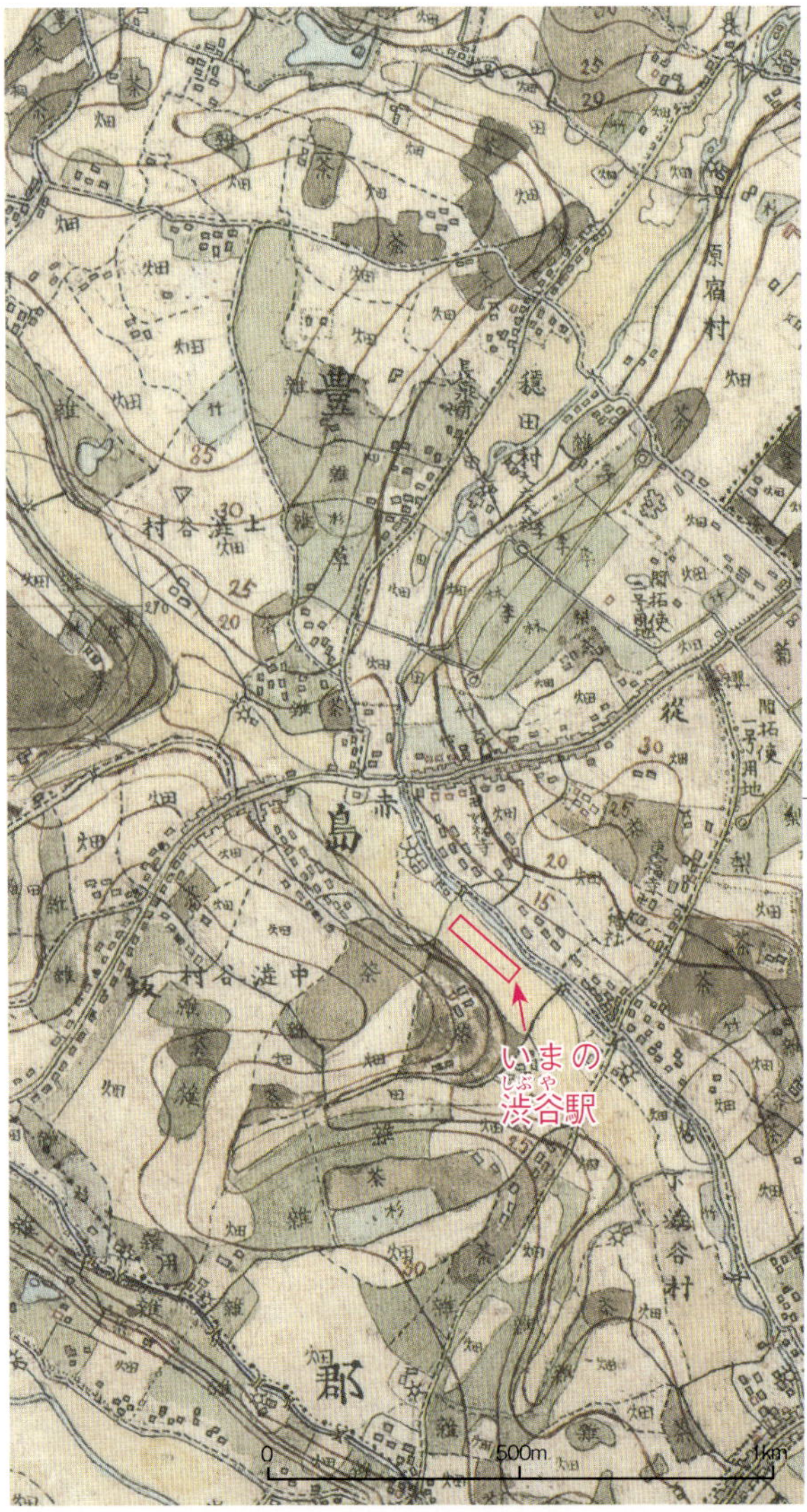

▲およそ100年前の東京・渋谷《しぶや》の地図。右上の「原宿村《はらじゅくむら》」のあたりから川をたどってみよう。この周りが谷間だ。

宮益坂《みやますざか》と名前のついた大きな登り坂があります。どうしてこんな坂があるのでしょうか。

右下の図は、今から百年ほど昔の渋谷《しぶや》の地図です。渋谷川《しぶやがわ》という原宿《はらじゅく》の方から流れてくる川があり、細長い谷がずっと続いて、水田になっています。まわりは台地になっています。

現在《げんざい》の山手線《やまてせん》は台地からこの谷へいったん下りて、しばらく谷底を走り、ふたたび台地へ上がっています。山手線《やまてせん》に乗る機会があったら、窓《まど》から見える道や家の高さがどのように変わっていくか観察してみてください。窓《まど》の上の方にあった道が、急に下がってずっと下の方になってしまうところがあるはずです。そこが台地から谷へ下りるところです。渋谷《しぶや》駅はこの谷の底に造《つく》られたので、ここから台地へ行く道はすべて登り坂になるわけです。

渋谷《しぶや》の谷《や》というのは、このような細長い谷間の地形を指す地名なのです。

▲旭谷戸《あさひやと》（神奈川《かながわ》県横浜《よこはま》市）。谷間には、いまも水田がつくられ、昔と変わらない景観を保《たも》っている。
（写真提供《ていきょう》：にいはる里山《さとやま》交流センター）

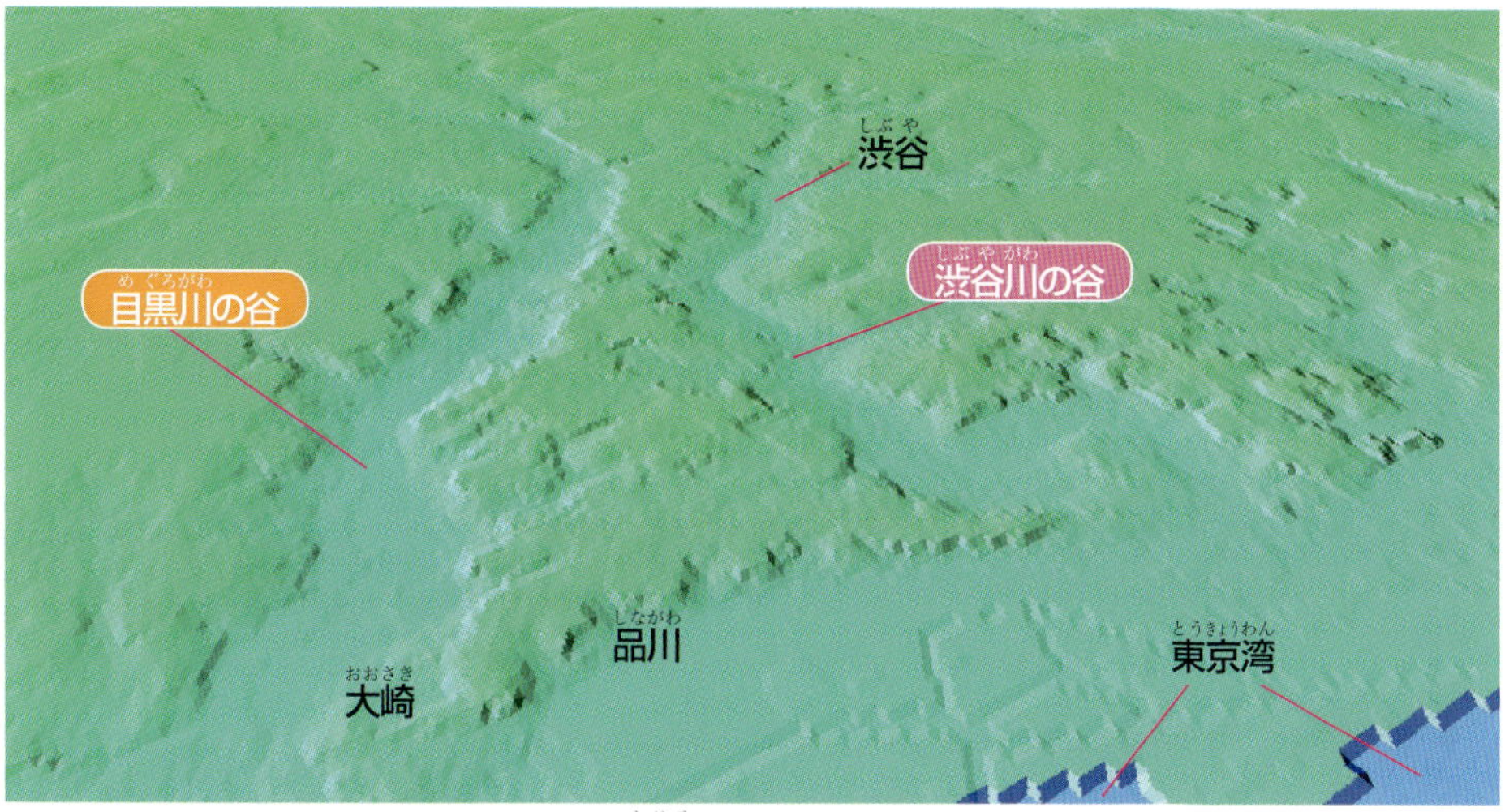

▲立体的な地形図で見た東京のようす。渋谷《しぶや》のあたりを見ると、台地のあいだに川がつくった谷が走り、海の方へと続いていることがよくわかる。

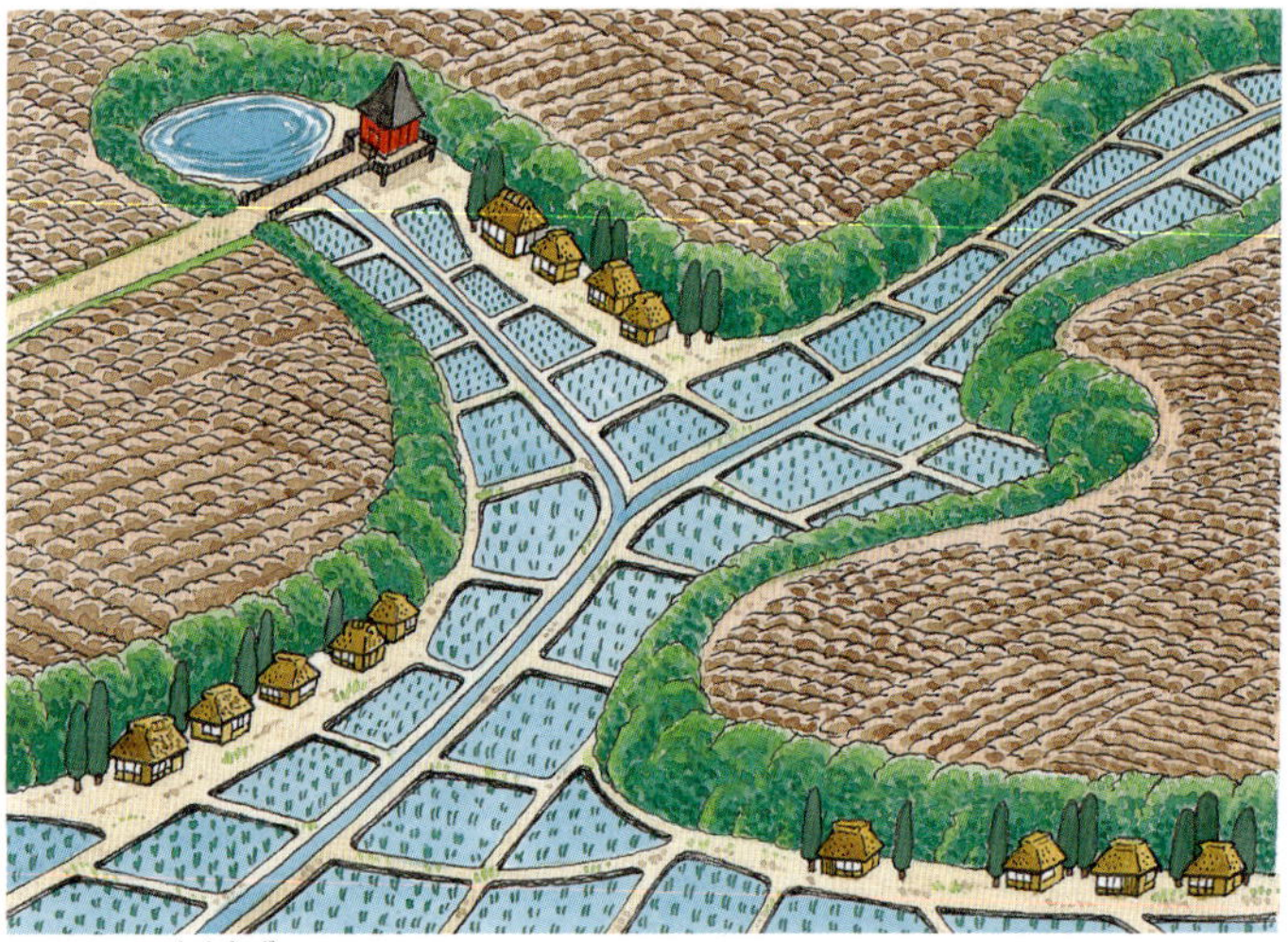

▲ヤトの模式図《もしきず》。谷間では、わき水を利用して水田が作られる。まわりの台地ではおもに畑作が行われる。

【ヤツ・ヤト・ヤチなど】

関東地方では、一般《いっぱん》に台地に入りこんだ谷間のことをヤ、ヤツ［谷津など］、ヤト［谷戸など］と呼《よ》んでいます。そういう場所は谷間の奥《おく》からわく水を利用して、水田が作られてきました。これをヤツダ［谷津田］とかヤトダ［谷戸田］と呼《よ》んでいます。

ときには底なし沼《ぬま》のようにどろどろの深い田になることもあり、そういう場所では人が入って田植えをすることがむずかしいので、種もみを田に直接《ちょくせつ》まく方法がとられました。人びとは谷間の縁《ふち》のほう、田を前にし、後ろには台地へ続く急な崖《がけ》を背負《せお》うような場所に家を建てました。

このような田も、今では改良されてふつうの田になり、さらに開発されて住宅地《じゅうたくち》になったり、店ができたりしたところも多く、昔の風景をそのまま残しているところは少なくなっています。

ところで、ヤ、ヤツ、ヤトのうち、ヤツとヤトは関東地方の中でも分布《ぶんぷ》が分かれています。ヤトは神奈川《かながわ》県から東京都西部にかけて、ヤツは千葉県に集中して分布《ぶんぷ》しています。

また、次の項《こう》で説明しますが、関東から北陸・東北地方にかけて、ヤチ［谷地］という地名があります。ヤチは湿地《しっち》を意味する地名です。そのほか、水田の地名でヤダ［矢田］というのが各地にありますが、これも湿《しっ》地《ち》のような深い田につけられています。

「ヤ」は水気の多いところを表す言葉だったと思われます。

これらの地名は、ヤという共通の要素《ようそ》で結ばれた、関係の深い地名です。ヤもタニも「谷」という字をあてていますが、もとは異《こと》なる意味の言葉だったのです。

さがしてみよう　きみの近くのこんな地名　【ヤツ、ヤチ、ヤト】

北海道	札幌《さっぽろ》市	大谷地《おおやち》	千葉県	八街《やちまた》市	大谷津《おおやつ》
青森県	新郷村《しんごうむら》	大谷地《おおやち》	東京都	西東京《にしとうきょう》市	谷戸《やと》
岩手県	花巻《はなまき》市	大谷地《おおやち》	神奈川県	小田原《おだわら》市	曽我谷津《そがやつ》
宮城県	美里町《みさとまち》	大谷地《おおやち》		横須賀《よこすか》市	谷戸《やと》
秋田県	由利本荘《ゆりほんじょう》市	大谷地《おおやち》	新潟県	糸魚川《いといがわ》市	大谷内《おおやち》
山形県	大蔵村《おおくらむら》	大谷地《おおやち》	富山県	氷見《ひみ》市	中谷内《なかやち》
福島県	伊達《だて》市	谷津《やづ》	石川県	七尾《ななお》市	谷内《やち》
茨城県	ひたちなか市	雨沢谷津《あめざわやつ》	山梨県	北杜《ほくと》市	谷戸《やと》
栃木県	市貝町《いちかいまち》	大谷津《おおやつ》	長野県	御代田町《みよたまち》	大谷地《おおやち》
群馬県	渋川《しぶかわ》市	谷津《やつ》	静岡県	河津町《かわづちょう》	谷津《やつ》
埼玉県	秩父《ちちぶ》市	谷津《やつ》			

＊市町村名は2011年1月1日現在《げんざい》

湿《しっ》地《ち》の地名

【ニタ・ヌタ・ノタ・ムタなど】

多くの湿地《しっち》が開発でなくなりましたが、地名として残っています。

▲尾瀬《おぜ》の湿原《しつげん》のようす（群馬《ぐんま》県片品村《かたしなむら》）。貴重《きちょう》な植物が生息し、国際的《こくさいてき》に重要な湿地《しっち》としてラムサール条約《じょうやく》に登録されている。

タンチョウが生息する北海道の釧路《くしろ》湿原《しつげん》は、国内の代表的な湿地《しっち》です。

さまざまな湿地の地名

「夏が来れば思い出す」で始まる『夏の思い出』という歌は、尾瀬《おぜ》の湿原《しつげん》のことを歌ったものです。水気が多く、低い土地を湿地《しっち》と呼《よ》びます。かつて、全国にたくさんの湿地《しっち》がありましたが、開発されて水田に変わっていきました。でも、湿《しっ》地《ち》を意味する地名は、いまでもたくさん使われています。

木の桟道《さんどう》を作り、自然を傷《きず》つけずに見て回れるように整備《せいび》された湿原《しつげん》は、尾瀬《おぜ》をはじめとしてあちこちにあります。現在《げんざい》では湿原《しつげん》を見るためには「はるかな尾瀬《おぜ》」まで行く必要がありますが、かつての日本では湿地《しっち》はめずらしくありませんでした。川の流域《りゅういき》や、山の中の小さな谷間、高い山の上にも湿地《しっち》がありました。

では、地名を手がかりに、かつての湿地《しっち》の姿《すがた》をみていきましょう。

【ニタ・ムタ】

まず**ニタ**［**仁田・仁多**］という地名があります。**ヌタ**［**怒田**］、**ノタ**［**野田**］も同じ系《けい》統《とう》に属《ぞく》しています。方言では、湿地《しっち》のほかに泥土《どろつち》という意味もあります。おそらく、「水気の多いどろどろとした状態《じょうたい》」というのがこれらの地名の基本的《きほんてき》な概念《がいねん》でしょう。

ヌタは少なく、**ニタ**は九州と関東から東北にかけて多く分布《ぶんぷ》しています（左の分布図《ぶんぷず》）。**ノタ**は全国的に広くあります。

ところで、イノシシには寄生虫《きせいちゅう》を払《はら》ったりするために、山の中の湿地《しっち》でごろごろと転が

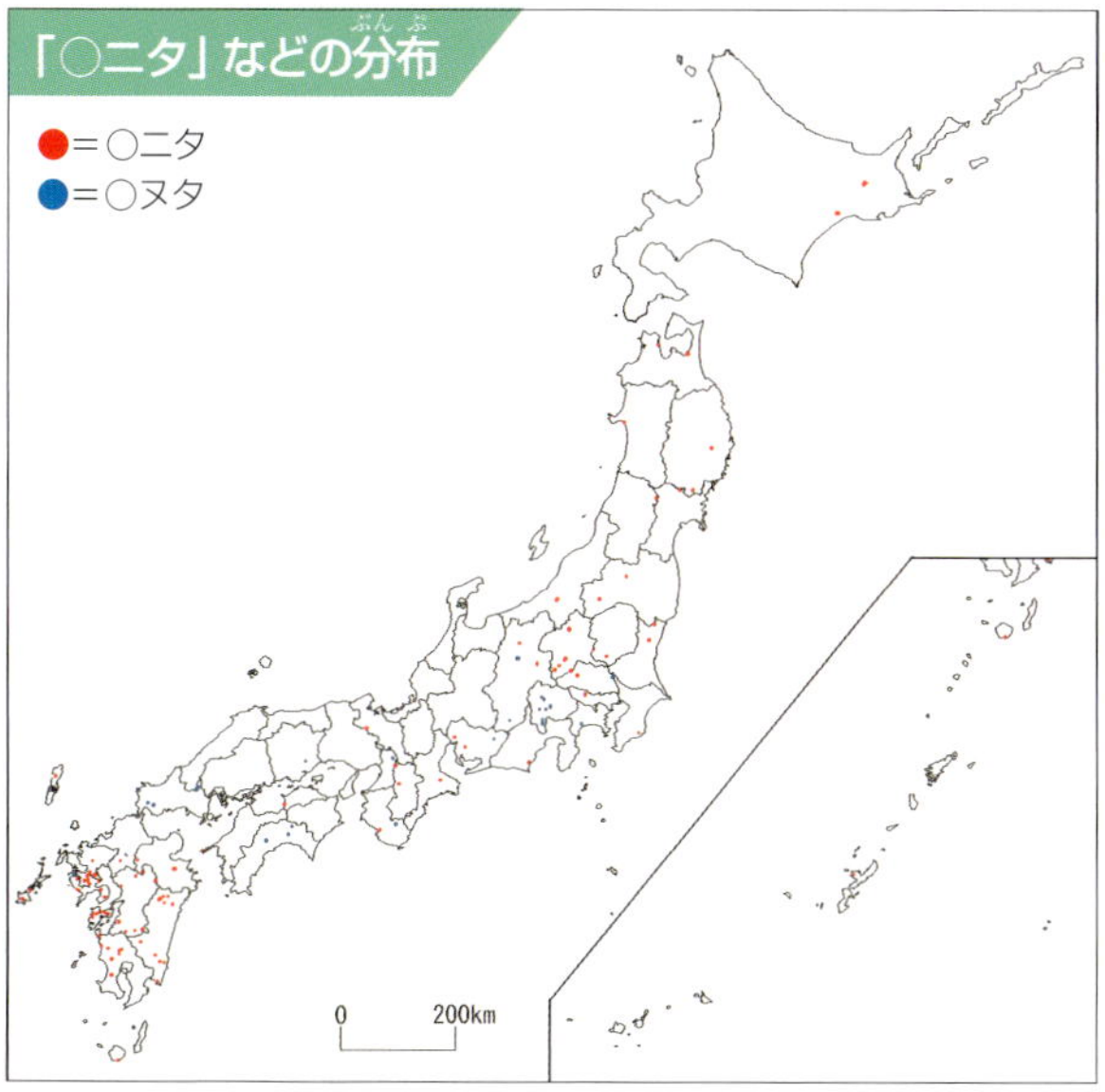

▲イノシシが山の中で身体に泥《どろ》をこすりつける湿地《しっち》を「ヌタ場《ば》」という。湿地《しっち》を表すニタやノタとも似《に》た響《ひび》きだ。

り、身体に泥《どろ》をつける習性《しゅうせい》があります。これを「ぬたうつ」と言います。「のたうつ」「のたうちまわる」も同じなかまの言葉です。このような場所を「ヌタ場《ば》」といって、猟師《りょうし》はここで獲物《えもの》がやってくるのを待ちかまえていました。

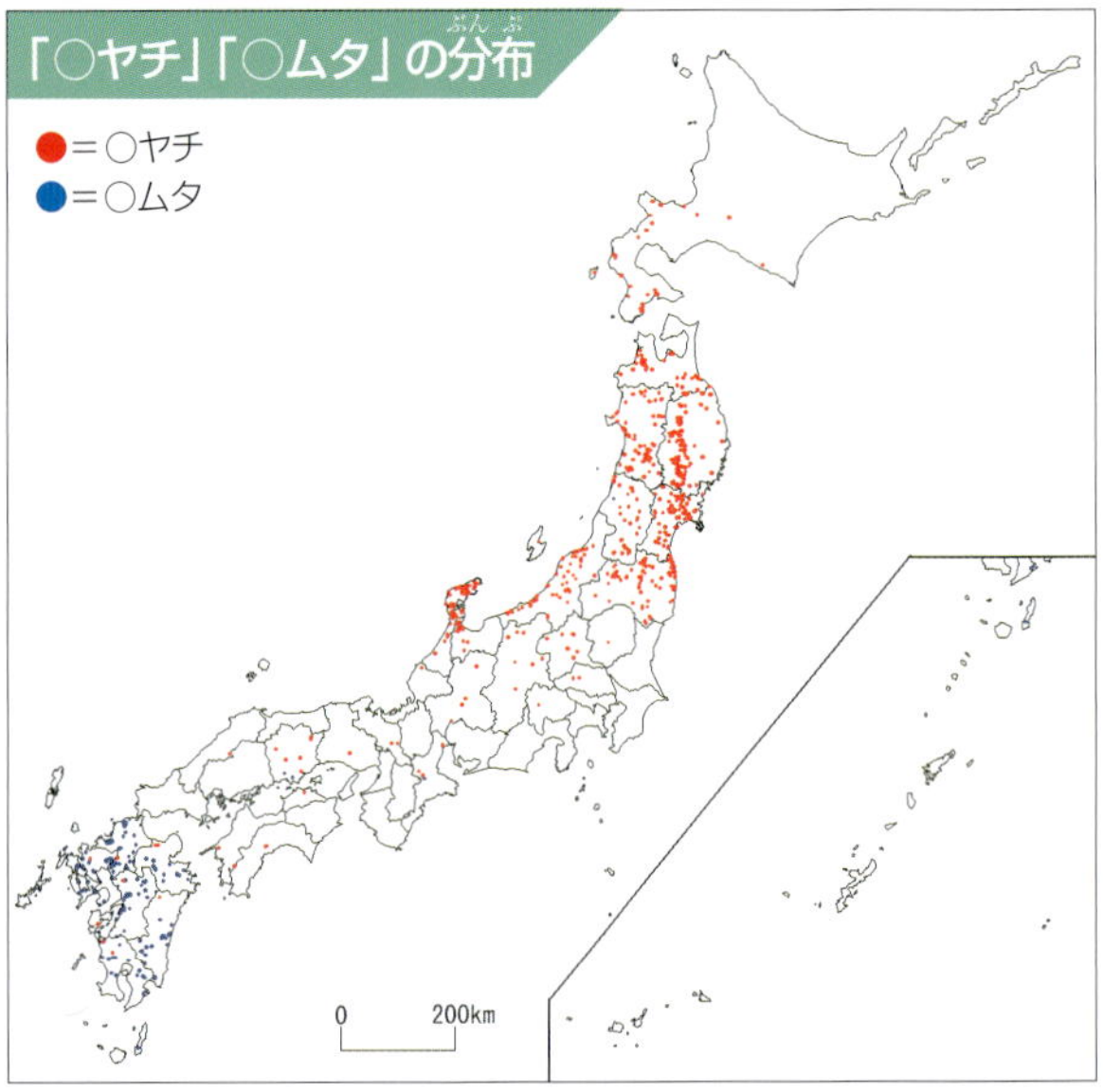

九州には**ムタ**という地名が数多く分布《ぶんぷ》しています（右の分布図《ぶんぷず》）。福岡《ふくおか》県の大牟田《おおむた》市はその例です。筑後《ちくご》平野①の一帯や八代海《やつしろかい》に面した熊本《くまもと》県の西部には、**無田《むた》**、**牟田《むた》**などの地名がいくつもあります。

大分《おおいた》県の飯田《はんだ》高原にある千町無田《せんちょうむた》は、標高九〇〇メートルの高地にある、周りを山に囲まれた盆地状《ぼんちじょう》の湿地《しっち》帯でした。明治《めいじ》のなかばから開発が始まり、現在《げんざい》では一面の水田になっています。「千町《せんちょう》」は土地がとても広いことを、「無田《むた》」は**ムタ**の当て字ですが、田がないこともあわせて表現《ひょうげん》しています。いかにも水田がありそうな場所に田がないのは不思議に思えたようで、かつてこの場所に広い水

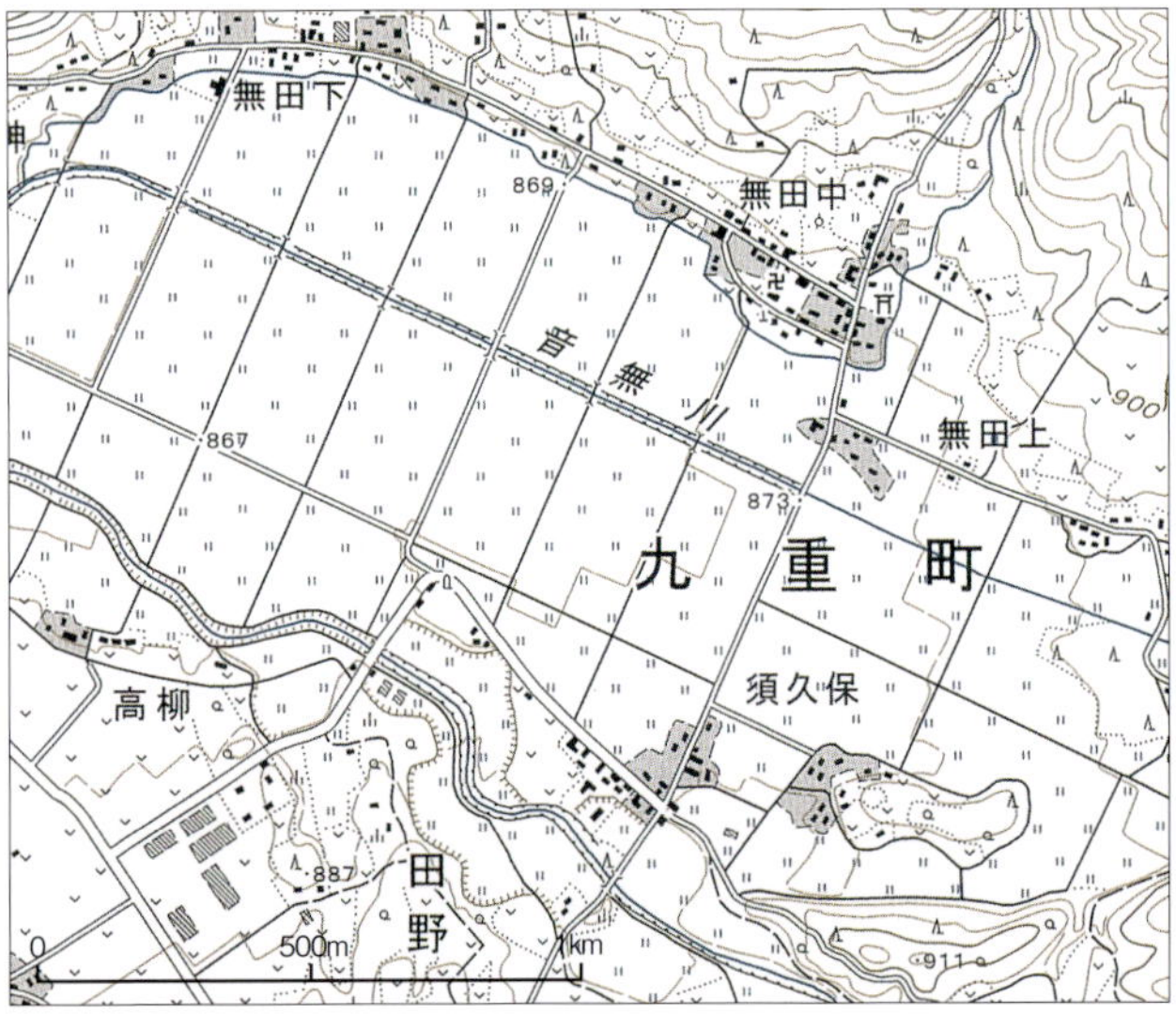

▲千町無田《せんちょうむた》（大分《おおいた》・飯田《はんだ》高原）。かつての湿地《しっち》は開発され、いまは「無田《むた》」ではなく、一面の水田が広がる。左の地形図で、盆地《ぼんち》であることや、水田が広がっていることをたしかめてみよう。

①【筑後《ちくご》平野】…福岡《ふくおか》県南部に広がる平野で、古くから米の生産がさかん。水のとぼしい土地で、農業用水を効率《こうりつ》よくまかなうためのクリークと呼《よ》ばれる水路が発達している。

田を所有して住んでいた朝日長者《あさひちょうじゃ》という大富《だいふ》豪《ごう》が、おごりたかぶって餅《もち》を弓の的にして射《い》たため没落《ぼつらく》したという伝説が伝わっています。

【ヤチ】

関東から北陸・東北地方には、**ヤチ**［**谷地**］という地名がたくさん分布《ぶんぷ》しています（前ページの分布図《ぶんぷず》）。**ヤチ**は、前でのべた**ヤ**・**ヤツ**・**ヤト**と関係のある地名で、いずれも水気の多い地形と結びついています。富山《とやま》県や石川県では**谷内《やち》**、青森県の津軽《つがる》平野では**萢《やち》**という漢字をあてています。

ヤチの特徴《とくちょう》は数が多いことです。ほかの湿《しっ》地《ち》の地名に比《くら》べて数倍はあるので、東北地方の地図でさがすと、**谷地《やち》**のつく地名をいくらでも見つけることができます。大きな都市のすぐ近くにもあるし、開けた平野にもあります。このことは、東北地方にはもともと湿地《しっち》がたくさんあったか、または比較的《ひかくてき》最近まであちこちに湿地《しっち》が残っていたために地名になりやすかったかのいずれかと考えられます。

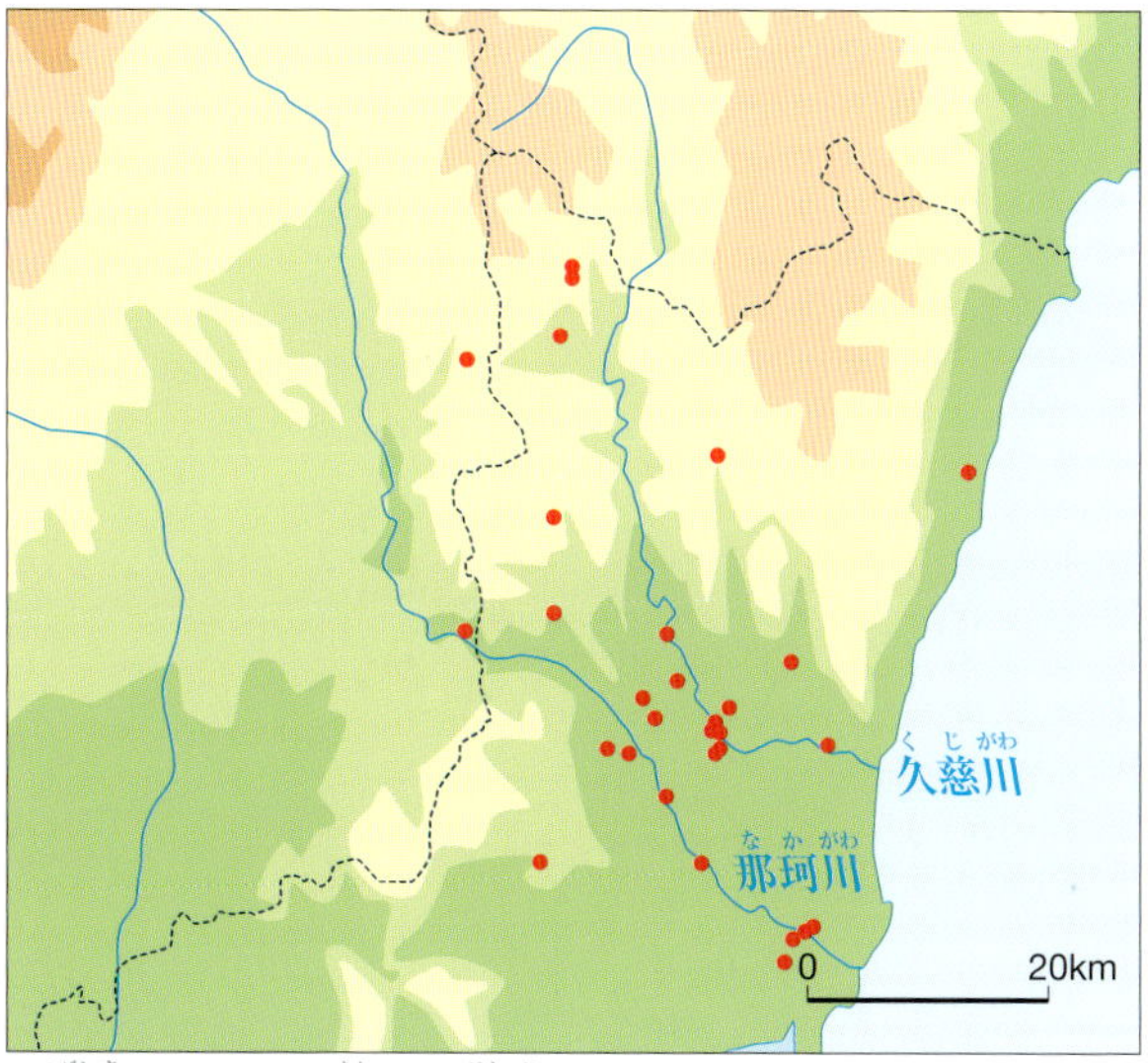

▲茨城《いばらき》県周辺の「圷《あくつ》」の分布《ぶんぷ》。川ぞいの低地に多い。

ところで、そんなにたくさん**ヤチ**があったら、区別がつかなくて混乱《こんらん》するのではないでしょうか？　この問題は、**ヤチ**の上にいろいろな言葉をつけることで解決《かいけつ》できます。**前谷《まえや》地《ち》**、**後谷地《うしろやち》**、**上谷地《かみやち》**、**中谷地《なかやち》**、**下谷地《しもやち》**など、位置関係を示《しめ》す言葉のついたさまざまな**ヤチ**がありますが、群《ぐん》を抜《ぬ》いて多いのが**大谷地《おおやち》**です。その地域《ちいき》でもっとも目立つ、大きな**ヤチ**だったのでしょう。

【アクツ・アクト】

アクツ・**アクト**も湿地《しっち》の地名です。この二つには、さまざまな漢字があてられています。

アクツ　阿久津《あくつ》、圷《あくつ》、明津《あくつ》、悪津《あくつ》

アクト　悪土《あくと》、悪戸《あくと》、明戸《あくと》、飽戸《あくと》、安久戸《あくと》、安久土《あくと》、阿久戸《あくと》、渥戸《あくと》、悪途《あくと》

このように表記がいろいろあるのは、**アクツ**・**アクト**が標準語《ひょうじゅんご》ではないため、どのような漢字を書くか決められていないからです。

圷《あくつ》は土へんに下、つまり低い土地を意味する漢字ですが、この地名は関東から東北にかけて分布《ぶんぷ》し、とくに茨城《いばらき》県の那珂《なか》川《がわ》と久慈《くじ》川《がわ》の流域《りゅういき》に集中しています（上の図）。

ちなみに、土へんに高と書くと**塙**［**ハナワ**］という地名になります。**圷《あくつ》**の反対語になっているところがおもしろいですね。

【フケ・クテ・ドブ】

フケや**クテ**も、湿地《しっち》の地名です。**フケ**は「**深日《ふけ》**」「**泓《ふけ》**」「**富家《ふけ》**」などの字をあてます。**フケ**は「ふける」と言いますが、いずれも物事が「深くなる」ことを表しています。

フケダ［**深田**］とは泥深《どろぶか》い田のことで、今は改良が進んだため少なくなりましたが、以前は底なし沼《ぬま》のような田がたくさんありました。

クテは**久手《くて》**、**湫《くて》**と書きます。徳川家康《とくがわいえやす》と羽《は》柴《しば》（豊臣《とよとみ》）秀吉《ひでよし》が戦ったことで有名な小牧《こまき》・長《なが》久《く》手《て》の戦い（一五八四年）の長久手《ながくて》（愛知県長《なが》久手町《くてちょう》）は、**クテ**の例です。次ページの図は、岐阜《ぎふ》県瑞浪《みずなみ》市の大湫《おおくて》の地形図です。大湫《おおくて》は中《なか》山道《せんどう》②の宿場《しゅくば》で、その南には湿田《しつでん》が広がっていました。右ページの千町無田《せんちょうむた》の地図と地形が似《に》ていることを確《たし》かめてください。大湫《おおくて》の一つ西の宿《しゅく》は細久手《ほそくて》と言い、やはり**クテ**の地名のひとつです。

ドブも湿地《しっち》の地名ですが、標準語《ひょうじゅんご》にもなっていて、雨水や生活用水を流す下水用の溝《みぞ》のことを指します。江戸《えど》の遊郭《ゆうかく》として名高い吉《よし》原《わら》の周囲には、三方を囲んで「おはぐろど

②【中山道《なかせんどう》】…江戸《えど》の日本橋《にほんばし》から近江国《おうみのくに》（いまの滋賀《しが》県）の草津《くさつ》を結ぶ街道。

▲旧中山道《きゅうなかせんどう》に面した古い町なみ（岐阜《ぎふ》県瑞浪《みずなみ》市大湫町《おおくてちょう》）。宿場町《しゅくばまち》のなごりをしのばせる。

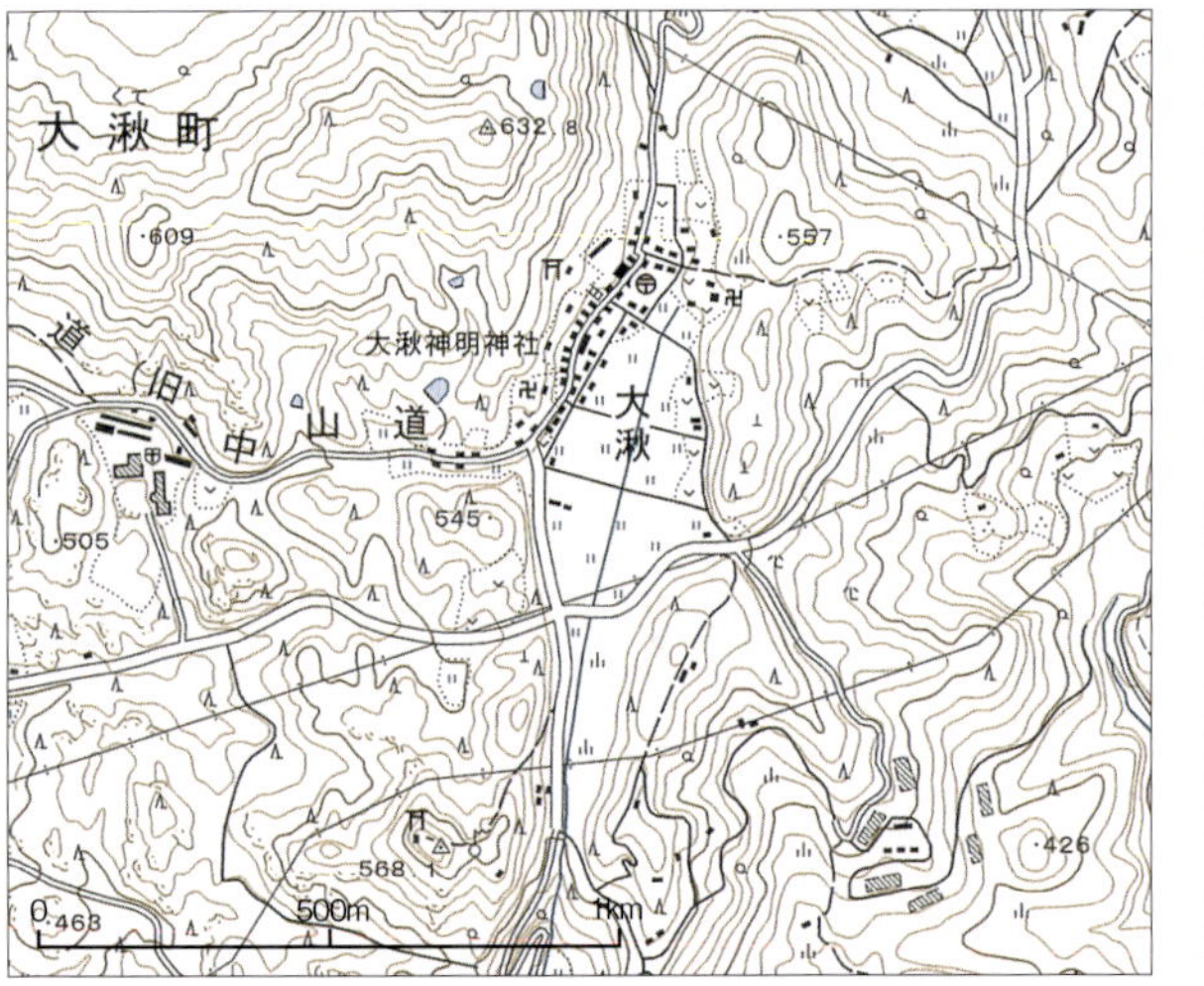

▲大湫《おおくて》の例。（岐阜《ぎふ》県瑞浪《みずなみ》市）。中山道《なかせんどう》の宿場《しゅくば》として知られる。36 ページの千町無田《せんちょうむた》の地形とくらべてみよう。

ぶ」という堀《ほり》がありました。樋口一葉《ひぐちいちよう》③の名作『たけくらべ』では、これを「お歯《は》ぐろ溝《どぶ》」としています。「溝」と書いて**ドブ**と読ませています。お歯黒《はぐろ》というのは歯を黒く染《そ》めることで、江戸《えど》時代にはおもに結婚《けっこん》した女性《じょせい》が行っていました。

地名では、ほかに**土浮《どぶ》**・**土腐《どぶ》**と書いたりします。いかにも湿地帯《しっちたい》を連想させるような漢字が使われていますね。

○アシとヨシ

日本の国を美しく表現《ひょうげん》した言葉に「葦原《あしはら》の瑞穂《みずほ》の国」というのがあります。葦《あし》は湿地《しっち》に生えるイネ科の草、瑞穂《みずほ》はみずみずしい稲穂《いなほ》のことですから、「葦《あし》が茂《しげ》る原に水田が開け、豊《ゆた》かな収穫《しゅうかく》に恵《めぐ》まれている国」という意味になります。葦《あし》が生えているようなところは水田にも適《てき》していたのでしょう。

ところでアシは「悪い」という意味の「あし」と同じ音なので、のちに「善《よ》い」という意味の「ヨシ」に言いかえるようになりました。ですから、アシハラ(葦原・蘆原)とヨシハラ(吉原)は同じ意味の地名なのです。

▲琵琶湖《びわこ》のヨシ原《はら》（滋賀《しが》県長浜《ながはま》市）

さがしてみよう きみの近くのこんな地名 【ニタ、ムタ、ヤチ、アクツ、アクト、フケ、クテ、アワラなど】

北海道	黒松内町《くろまつないちょう》	**大谷地《おおやち》**	石川県	羽咋市《はくいし》	**粟原《あわら》**	岡山県	赤磐市《あかいわし》	**沼田《ぬた》**
青森県	十和田市《とわだし》	**明戸《あけど》**	福井県	あわら市	**蘆原《あわら》**	広島県	庄原市《しょうばらし》	**野田《のだ》**
岩手県	奥州市《おうしゅうし》	**阿久戸《あくど》**	山梨県	市川三郷町《いちかわみさとちょう》	**垈《ぬた》**	山口県	岩国市《いわくにし》	**上沼田《うえぬだ》**
宮城県	大崎市《おおさきし》	**阿久戸《あくど》**	長野県	長野市《ながのし》	**島仁田《しまにた》**	徳島県	阿波市《あわし》	**野田原《のだばら》**
秋田県	湯沢市《ゆざわし》	**明戸《あけと》**	岐阜県	高山市《たかやまし》	**久手《くて》**	香川県	高松市《たかまつし》	**福家《ふけ》**
山形県	高畠町《たかはたまち》	**安久津《あくつ》**	静岡県	牧之原市《まきのはらし》	**仁田《にた》**	愛媛県	伊方町《いかたちょう》	**仁田之浜《にたのはま》**
福島県	郡山市《こおりやまし》	**阿久津《あくつ》**	愛知県	名古屋市《なごやし》	**大久手町《おおくてちょう》**	高知県	大豊町《おおとよちょう》	**怒田《ぬた》**
茨城県	常陸太田市《ひたちおおたし》	**圷《あくつ》**	三重県	亀山市《かめやまし》	**布気《ふけ》**	福岡県	筑後市《ちくごし》	**中牟田《なかむた》**
栃木県	那須塩原市《なすしおばらし》	**阿久戸《あくと》**	滋賀県	守山市《もりやまし》	**浮気《ふけ》**	佐賀県	上峰町《かみみねちょう》	**前牟田《まえむた》**
群馬県	渋川市《しぶかわし》	**阿久津《あくつ》**	京都府	福知山市《ふくちやまし》	**野間仁田《のまにだ》**	長崎県	佐世保市《させぼし》	**白仁田《しらにた》**
埼玉県	本庄市《ほんじょうし》	**阿久戸《あくと》**	大阪府	岬町《みさきちょう》	**深日《ふけ》**	熊本県	熊本市《くまもとし》	**西無田《にしむた》**
千葉県	君津市《きみつし》	**小仁田《こにた》**	兵庫県	豊岡市《とよおかし》	**野田《のだ》**	大分県	九重町《ここのえまち》	**猪牟田《ししむた》**
東京都	八王子市《はちおうじし》・日野市《ひのし》	**谷地川《やじがわ》**	奈良県	河合町《かわいちょう》	**不毛田川《ふけたがわ》**	宮崎県	都城市《みやこのじょうし》	**大牟田《おおむた》**
神奈川県	川崎市《かわさきし》	**明津《あくつ》**	和歌山県	紀の川市《きのかわし》	**深田《ふけだ》**	鹿児島県	薩摩川内市《さつませんだいし》	**藺牟田《いむた》**
新潟県	長岡市《ながおかし》	**明戸《あくと》**	鳥取県	倉吉市《くらよしし》	**沢谷《さわだに》**			
富山県	氷見市《ひみし》	**阿原《あわら》**	島根県	大田市《おおだし》	**久手《くて》**			

＊市町村名は 2011 年 1 月 1 日現在《げんざい》

③【樋口一葉《ひぐちいちよう》】…1872〜1896 年。小説家・歌人。貧《まず》しい暮《く》らしのなか、『たけくらべ』『にごりえ』などの名作を残し、25 歳《さい》で亡《な》くなった。

微《び》高《こう》地《ち》の地名

「島」のつく地名が陸にあります。なぜでしょう?

【スカ・ソネ・シマなど】

大阪・曽根崎《そねざき》のアーケード。「ソネ」は小高《こだか》い土地を表す地名です。

危険からのがれる工夫

日本は四方を海に囲まれ、大きな川が平野の中を流れています。人びとは洪水《こうずい》や台風などから身を守るため、少しでも高いところで暮《く》らす工夫をしてきました。

▲横須賀市《よこすかし》（神奈川県《かながわけん》）のようす。海を望む高台から、ところどころに小高《こだか》くもり上がった地形を見ることができる。

【スカ・ウネ・オネ・ソネ】

スカ［**須賀**］のつく地名といえば、まず、**横須賀《よこすか》**があります。とくに神奈川《かながわ》県の南東部、東京湾《とうきょうわん》に面した横須賀《よこすか》は、入り組んだ湾《わん》がたくさんあって、港をつくるのに都合が良かったため、明治以降《めいじいこう》、海軍の拠点《きょてん》として発展《はってん》してきました。今も基地《きち》の町としてよく知られています。ですから、「横須賀《よこすか》に住んでいる」と言うと、たいていこの町のことだと思うでしょう。けれども、宮城《みやぎ》県栗原《くりはら》市、茨城《いばらき》県利根町《とねまち》、千葉県松戸《まつど》市、愛知県東海《とうかい》市・豊橋《とよはし》市などにも**横須賀《よこすか》**があります。

スカの分布《ぶんぷ》には、一定の傾向《けいこう》があります。どういう場所に多いかわかりますか。関東地方、愛知県・岐阜《ぎふ》県のあたり、集中している所はいずれも平野部、それも海に近い所です（下の分布図《ぶんぷず》）。

今の川や海岸は堤防《ていぼう》や護岸《ごがん》が築《きず》かれていますが、自然のままの川や海岸は、しばしば大洪水《だいこうずい》を起こしたり、高波が打《う》ち寄《よ》せたりしました。そのとき、たくさんの土砂《どしゃ》が川沿《かわぞ》いや海岸沿《かいがんぞ》いにたまって、細長い形の地形ができました。これを、川なら自然堤防《しぜんていぼう》、海なら浜堤《ひんてい》といいます。こうした場所は周辺の土地よりも少し高いのと、砂地《すなじ》で乾《かわ》いていることが多いために、人が住みやすかったのです。

スカのスは砂地《すなじ》、カは場所の意味と考えられますから、**スカ**とは砂地《すなじ》の場所です。こうした**スカ**に集落ができて、**浜須賀《はますか》**とか**横須賀《よこすか》**と呼《よ》んだのです。

阿波踊《あわおど》りにも歌われている蜂須賀家《はちすかけ》は阿波《あわの》国《くに》（いまの徳島《とくしま》県）の殿様《とのさま》ですが、元は尾張国《おわりのくに》（いまの愛知県西部）の土豪《どごう》で、豊臣秀吉《とよとみひでよし》に仕え

▲畑の畝《うね》と山の尾根《おね》。大きさは違《ちが》うが、両方とももり上がった形だ。「ウネ」や「オネ」という地名も、同じようにもり上がった地形を表す地名だ。

て大名《だいみょう》に出世しています。その名の元になった蜂須賀郷《はちすかごう》（中の地形図）には、弘法大師《こうぼうだいし》①が蜂《はち》を封《ふう》じて埋《う》めたという伝説があります。

畑の畝《うね》と山の尾根《おね》ではずいぶん大きさが違《ちが》いますが、このウネ［宇根など］とオネ［尾根］は同じグループの地名です。カマボコの形を思《おも》い浮《う》かべてください。あれがこのグループの基本形《きほんけい》です。どちらも同じような形ですね。地方によっては山の尾根《おね》を、オネともウネとも発音します。古い日本語では両者を区別していなかったのかもしれません。北アルプスの北鎌尾根《きたかまおね》、岡山《おかやま》県や広島県に分布《ぶんぷ》する畝山《うねやま》などが、このグループの地名の例です。

ソネ［曽根］は標準語《ひょうじゅんご》にはなっていませんが、同じ系統《けいとう》の地名です。新潟《にいがた》平野や関東平野などに多く分布《ぶんぷ》しています（前のページの分《ぶん》布《ぷ》図《ず》参照）。

大阪《おおさか》には曽根崎《そねざき》という所があります。江戸《えど》時代の近松門左衛門《ちかまつもんざえもん》②の『曽根崎心中《そねざきしんじゅう》』で有名な所ですが、もとは三角州《さんかくす》の先端《せんたん》にできた州《す》の名前でした。ソネはスカと同じように、周囲より少し高くなった場所につけられています。

▲蜂須賀《はちすか》の例（愛知県あま市）。等高線を見て、まわりとの高さの違《ちが》いをイメージしてみよう。

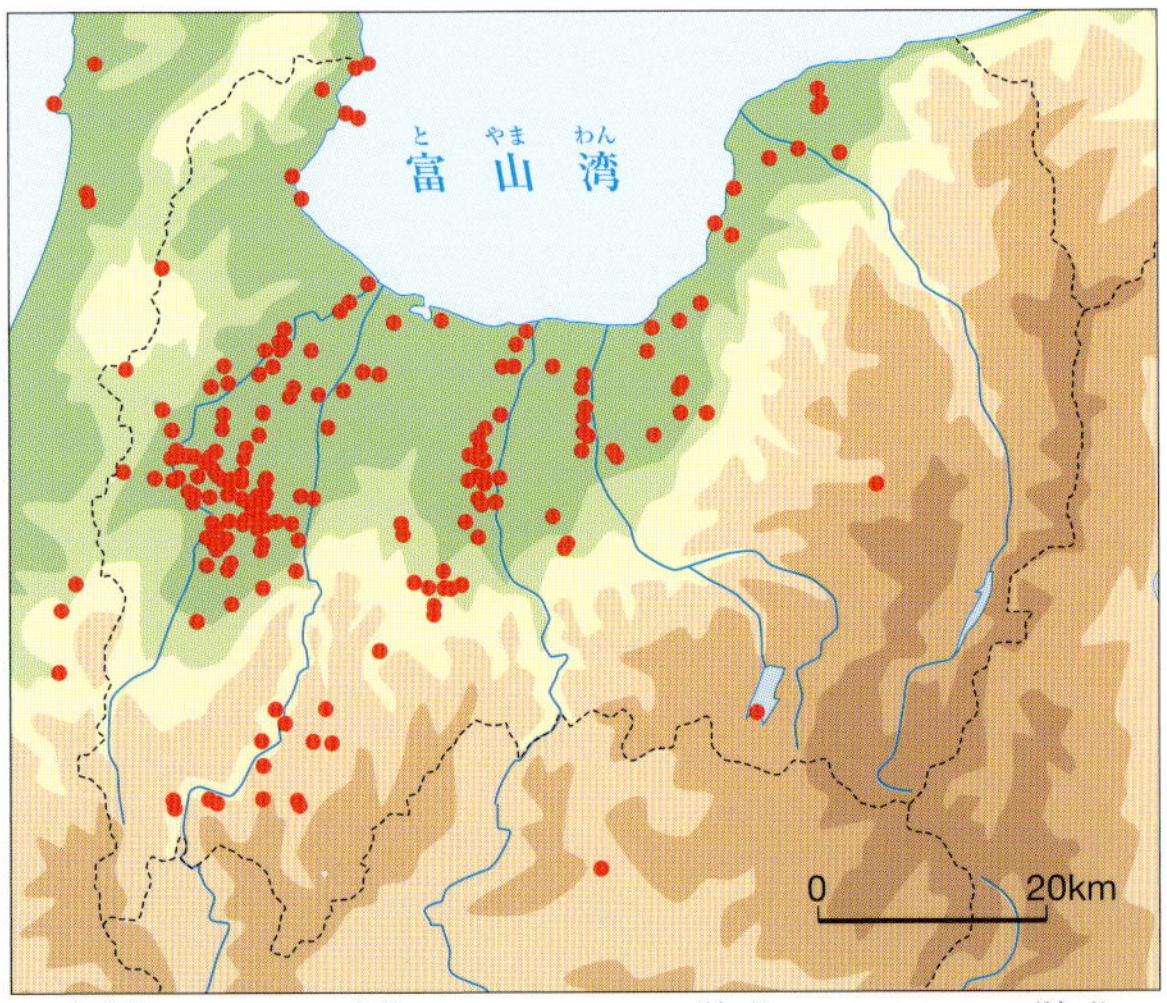

▲富山《とやま》県周辺の「島《しま》」のつく地名の分布《ぶんぷ》。平野に多く分布《ぶんぷ》している。

【シマ】

島はふつう海にありますが、シマ［島］のつく地名は内陸部にもたくさんあります。大きな平野では、人が住める場所は周囲より少し高い自然堤防《しぜんていぼう》の上などに限《かぎ》られていました。低い所は湿地《しっち》だったり、洪水《こうずい》の危険《きけん》があったりして住めなかったのです（次ページの図・写真）。

そうした中に集落が島のように点在《てんざい》していたのです。川も自由に流れていましたから、川にはさまれた、文字通り、島だったところもたくさんあります。

シマは、もともと境界《きょうかい》をもった一定の範囲《はんい》を意味するものでした。海の島は、周りを海で囲まれたものですし、今でもシマを勢力範《せいりょくはん》

①【弘法大師《こうぼうだいし》】…22ページを見よう。
②【近松門左衛門《ちかまつもんざえもん》】…1653〜1724年。江戸《えど》時代を代表する文学者。歌舞伎《かぶき》や、琵琶《びわ》・三味線《しゃみせん》などの節《ふし》に合わせて語られる物語を人形が演《えん》じる「人形浄瑠璃《にんぎょうじょうるり》」の分野で、『曽根崎心中《そねざきしんじゅう》』『国性爺合戦《こくせんやかっせん》』などの名作を残した。

◀自然堤防《しぜんていぼう》のようす。川が運んできた土砂《どしゃ》が両岸につもり、その部分は周囲よりも小高《こだか》い地形になる。三日月湖《みかづきこ》はもともとの川の流れが、つもった土砂《どしゃ》によって切り離《はな》されたもの。現在《げんざい》は写真の岩木川《いわきがわ》（青森県）のように、自然堤防《しぜんていぼう》の上に人工の堤防《ていぼう》が設《もう》けられていることもある。

囲《い》、縄張《なわば》りの意味で使うことがあります。

前のページの下の図は、富山県《とやま》で語尾《ごび》に島《しま》のつく地名の分布《ぶんぷ》を示《しめ》したものです。左側が砺波《となみ》平野、③右側が富山《とやま》平野です。富山《とやま》平野では川に沿《そ》ったところに島《しま》の地名が集まっています。砺波《となみ》平野は庄川《しょうがわ》がつくった大きな扇状《せんじょう》地《ち》ですが、南側の地域《ちいき》に島《しま》のつく地名がたくさん分布《ぶんぷ》しています。この地域《ちいき》では、まとまったひとつながりの広い耕地《こうち》をシマと言っています。

さがしてみよう　きみの近くのこんな地名　【スカ、ソネ、シマ】

北海道	江別市《えべつ》	中島《なかじま》	石川県	中能登町《なかのとまち》	曽祢《そね》	岡山県	倉敷市《くらしき》	高須賀《たかすが》
青森県	中泊町《なかどまりまち》	豊島《としま》	福井県	鯖江市《さばえ》	川島《かわしま》	広島県	廿日市市《はつかいち》	須賀《すか》
岩手県	花巻市《はなまき》	西中島《にしなかじま》	山梨県	富士吉田市《ふじよしだ》	中曽根《なかぞね》	山口県	防府市《ほうふ》	西須賀《にしずか》
宮城県	石巻市《いしのまき》	高須賀《たかすか》	長野県	飯島町《いいじままち》	石曽根《いしぞね》	徳島県	徳島市《とくしま》	竹須賀《たけすか》
秋田県	秋田市《あきた》	曽根《そね》	岐阜県	羽島市《はしま》	須賀《すか》	香川県	さぬき市	曽根《そね》
山形県	酒田市《さかた》	漆曽根《うるしそね》	静岡県	掛川市《かけがわ》	横須賀《よこすか》	愛媛県	新居浜市《にいはま》	新須賀《しんすか》
福島県	須賀川市《すかがわ》	須賀川《すかがわ》	愛知県	吉良町《きらちょう》	横須賀《よこすか》	高知県	宿毛市《すくも》	東須賀《ひがしすか》
茨城県	利根町《とねまち》	横須賀《よこすか》	三重県	四日市市《よっかいち》	白須賀《しらすか》	福岡県	北九州市《きたきゅうしゅう》	曽根《そね》
栃木県	那須町《なすまち》	熊見曽根《くまみそね》	滋賀県	長浜市《ながはま》	曽根《そね》	佐賀県	吉野ヶ里町《よしのがりちょう》	曽根《そね》
群馬県	明和町《めいわまち》	須賀《すか》	京都府	京丹波町《きょうたんばちょう》	曽根《そね》	長崎県	諫早市《いさはや》	小野島《おのじま》
埼玉県	幸手市《さって》	高須賀《たかすか》	大阪府	泉大津市《いずみおおつ》	曽根《そね》	熊本県	菊池市《きくち》	高島《たかしま》
千葉県	松戸市《まつど》	横須賀《よこすか》	兵庫県	高砂市《たかさご》	曽根《そね》	大分県	宇佐市《うさ》	江須賀《えすか》
東京都	新宿区《しんじゅく》	須賀町《すがちょう》	奈良県	大和高田市《やまとたかだ》	曽根《そね》	宮崎県	日向市《ひゅうが》	曽根《そね》
神奈川県	平塚市《ひらつか》	須賀《すか》	和歌山県	岩出市《いわで》	中島《なかじま》	鹿児島県	薩摩川内市《さつませんだい》	平島《ひらしま》
新潟県	新潟市《にいがた》	須賀《すが》	鳥取県	鳥取市《とっとり》	島《しま》	沖縄県	今帰仁村《なきじんそん》	仲宗根《なかそね》
富山県	高岡市《たかおか》	中曽根《なかそね》	島根県	安来市《やすぎ》	中曽根《なかそね》			

＊市町村名は2011年1月1日現在《げんざい》

③【砺波《となみ》平野】…富山《とやま》県西部に位置する平野で、庄川《しょうがわ》の扇状地《せんじょうち》が大部分を占《し》める。水田地帯のなか、林に囲まれた家いえが200メートルほどの間隔《かんかく》で建っている「散居村《さんきょそん》」という集落があることでも知られる。

崖《がけ》を表す地名

【ハケ・ママ・ナギなど】

◆地形図を手がかりに、地名の特色を調べてみましょう。

足摺岬《あしずりみさき》（高知県）。切り立った崖《がけ》のようすに注目してみましょう。

▲片品川《かたしながわ》の河岸段丘《かがんだんきゅう》（群馬県《ぐんま》）。平地と平地の間に、急な崖《がけ》が続いている。（写真提供《ていきょう》：群馬《ぐんま》大学教育学部　早川由紀夫《はやかわゆきお》研究室）

崖の高さを測る

地形図には、山や川、平野、土地利用のされ方など、いろいろなことが記されています。ここでは等高線を利用して土地の高低や地名の特色を調べてみましょう。

アニメでは、敵《てき》に追われた主人公、行く手には断崖絶壁《だんがいぜっぺき》、大ピンチ！、というシーンが出てきますが、垂直《すいちょく》に何百メートルも切り立っているような崖《がけ》が本当にあるのでしょうか？

日本アルプスのようなけわしい山脈には、たしかにそういう場所がありますが、もっと身近なところで見ようと思えば、海岸に行けばよいのです。絶《た》え間《ま》なく打《う》ち寄《よ》せる波の力は、陸地を包丁でばっさり切り落としたような、ものすごい崖《がけ》を作り出すことがあります。海の方を向いている崖《がけ》を見るには、眺《なが》めの良い場所を探《さが》す必要がありますが。もし交通の便が良くて、波がけずったさまざまな形の岩や洞窟《どうくつ》が見られるような場所であれば、遊覧《ゆうらん》船《せん》が出るような観光地になっています。

ところが、地域《ちいき》によっては、人が生活しているすぐそばに崖《がけ》があります。大きな台地のあるところや、河岸段丘《かがんだんきゅう》・海岸段丘《かいがんだんきゅう》①と呼《よ》ばれる地形が発達しているところがそうです。ここではこうした場所の崖《がけ》の地名を見ていきますが、崖《がけ》の高さを地図上で測《はか》って、高さを実感してください。

【地形図で測《はか》ってみよう】

次ページ右上の図は新潟《にいがた》県十日町《とおかまち》市の清津《きよつ》川沿《がわぞ》いにある河岸段丘《かがんだんきゅう》です。段丘《だんきゅう》というのは階段《かいだん》のように平らな面が何段《なんだん》かあって、その間が急な崖《がけ》になっている地形です。

この図では①〜④が平らな所です。ここは昔、川が流れていた面で、川が土砂《どしゃ》を運んで平らにしたのです。今の川のある所よりだいぶ高い所にありますね。白羽毛《しらはけ》と書いてある集落付近の崖《がけ》（茶色の等高線が密《みつ》になっている所）の高さを測《はか》ってみましょう。

①と②の標高差が約五〇メートル、②と③の標高差が約五〇メートル、③と④の標高差は約一三〇メートルもあります。こんな崖《がけ》を

① 【河岸段丘《かがんだんきゅう》・海岸段丘《かいがんだんきゅう》】…川に沿《そ》って、または海岸に沿《そ》って発達した階段状《かいだんじょう》の地形。地球の表面を形づくっている地殻《ちかく》の変動などによって形成される。

▲「八卦《はっけ》」の例（岩手県紫波町《しわちょう》）。三角点《さんかくてん》と等高線をたよりに、崖《がけ》のある地形をイメージしてみよう。

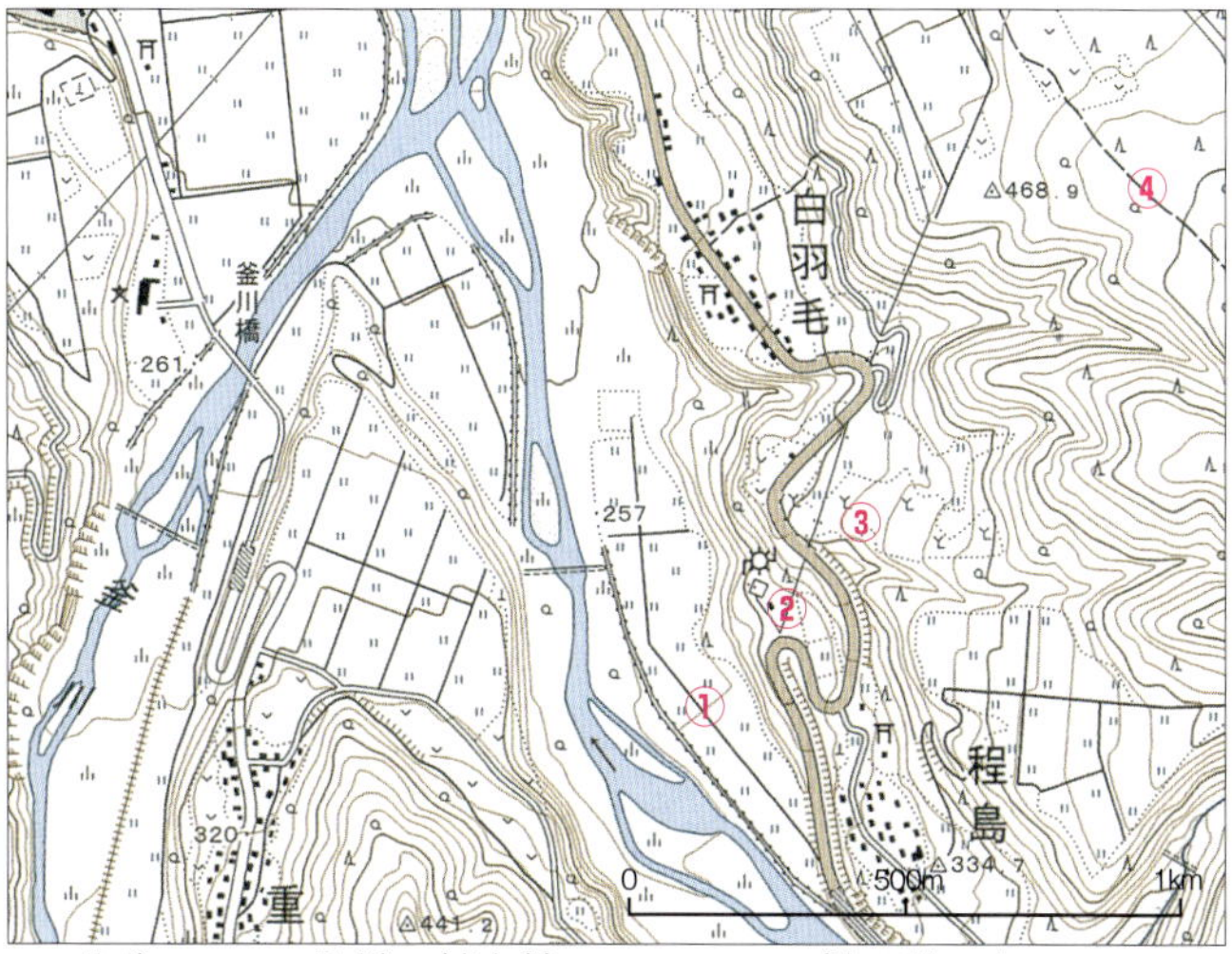

▲「羽毛《はけ》」の例（新潟《にいがた》県十日町《とおかまち》市）。まん中の清津川《きよつがわ》に沿《そ》って形成された河岸段丘《かがんだんきゅう》の地形。この地図の等高線は、10メートル間隔《かんかく》だ。

上ったり下りたりするのは大変です。図では川沿《かわぞ》いから程島《ほどじま》を通って白羽毛《しらはけ》へ通じる道がありますが、崖《がけ》を登るために大きくカーブしているのがわかります。

この白羽毛《しらはけ》の**ハケ**というのは、崖《がけ》を意味する地名のひとつです。**ハケ**とガケ、何となく似《に》ていますね。**バッケ**とか**ハッケイ**になっている所もあります。

【ハッケ】

秋田県や岩手県には、**ハッケ**［**八卦**］という占《うらな》いのような地名があります。

となりの図は、岩手県紫波町《しわちょう》の八卦《はっけ》です。一見、どこにも崖《がけ》はないように見えますね。この地図をよく見てください。南東にある八《はっ》卦《け》の集落のすぐ北に一一四・二と記した三角の点があります。これは三角点《さんかくてん》という測量《そくりょう》の基準《きじゅん》になる点で、数字は標高を示《しめ》しています。一一四・二メートルの三角点の右側に鉛筆《えんぴつ》を動かすと二本の等高線と交わります。最初が一一〇メートル、次が一〇五メートルの等高線です。ですから、三角点のある場所は、少なくとも一〇メートルくらいは高いということになります。

こうして、似《に》たような地形の所に同じような地名がついている例を集めると、その地名の意味がはっきりわかってきます。

地名が呼び起こす文学と伝承の世界

地名は昔から広く詩歌などにもうたわれ、数多くの伝承《でんしょう》を生んできました。崖《がけ》に関する地名にも、そうしたものがいろいろあります。

【ママとナギ】

ママは崖《がけ》のほか、土手や川のえぐれた所などを表す地名です。全国的に分布《ぶんぷ》しており、**儘**《まま》、**侭**《まま》、**真間**《まま》、**間々**《まま》など、さまざまな表記があります。

有名なのは千葉県市川市《いちかわし》にある真間《まま》で、ここには大昔、「真間《まま》の手児奈《てこな》（名《な》）」という伝説の美女が住んでいました。そのことは『万葉集《まんようしゅう》』②にもうたわれています。

「勝鹿《かつしか》の　真間《まま》の入江《いりえ》に　うち靡《なび》く　玉藻《たまも》刈《か》りけむ　手児名《てこな》し思ほゆ」（山部赤人《やまべのあかひと》）

〈葛飾《かつしか》の真間《まま》で、波にゆれる藻《も》を刈《か》ったという手《て》児名《こな》のことがしのばれる。〉

「葛飾《かつしか》の　真間《まま》の手児名《てこな》が　ありしかば　真間《まま》のおすひに　波もとどろに」（東歌《あずまうた》）

▲「真間《まま》の手児奈《てこな》」の伝説。美しい手児奈《てこな》は、たくさんの人から結婚《けっこん》を迫《せま》られ、悩《なや》み苦しんで海に入ってしまったという。

②【万葉集《まんようしゅう》】…現存《げんぞん》する最古の歌集。700年代後半以降《いこう》に成立したとみられる。さまざまな身分の人がよんだ4500首以上の歌を収録《しゅうろく》し、素朴《そぼく》で力強いうたいぶりが特徴《とくちょう》だ。

〈葛飾《かつしか》の真間《まま》の手児名《てこな》がいたころは、真間《まま》の波がとどろくように人びとがうわさしたものだ。〉

「葛飾《かつしか》の　真間《まま》の浦《うら》みを　漕《こ》ぐ舟《ふね》の　舟人《ふなびと》騒《さわ》く　波立つらしも」（東歌《あずまうた》）

〈葛飾《かつしか》の真間《まま》の入《い》り江《え》をゆく舟《ふね》の、舟人《ふなびと》たちがさわいでいる。波が立ってきたらしい。〉

現在《げんざい》の真間《まま》は海から遠く離《はな》れていますが、これらの歌では真間《まま》と海がいっしょにうたわれていますから、当時は真間《まま》の崖《がけ》が海に面していたのでしょう。

また、長野県・山梨県《やまなし》・静岡県《しずおか》などを中心に**ナギ**［**薙**］という地名が分布《ぶんぷ》しています。長野県飯田市《いいだ》の赤石山脈《あかいし》には、白薙《しらなぎ》・黒薙《くろなぎ》・青薙《あおなぎ》・サブ薙《なぎ》・赤薙《あかなぎ》など、**ナギ**のつく地名がたくさんあります。地図を見ると、山の斜面《しゃめん》が崩《くず》れたようになっています。等高線を数えると二七〇メートルくらいの高さがあります。**ナギ**は、崖《がけ》の中でもこのような崩壊《ほうかい》した所を意味する地名です。

▲百間《ひゃっけん》ナギ（長野県）。山の表面の土砂《どしゃ》が崩《くず》れ落《お》ち、けわしい崖《がけ》になった。

上の写真は、木曽《きそ》山脈にある南駒ヶ岳《みなみこまがたけ》の山頂《さんちょう》のすぐ下にある百間《ひゃっけん》ナギです。一間《いっけん》は昔の長さの単位で一・八メートルですから、換算《かんさん》すれば「一八〇メートルのナギ」になりますが、この百間《ひゃっけん》は「すごく大きな」という意味だと考えてください。百間《ひゃっけん》ナギの上にあるお椀型《わんがた》のくぼみは摺鉢窪《すりばちくぼ》といい、寒冷な氷期に氷河が山をけずってできるカール（圏谷《けんこく》）という地形の例です。

崖《がけ》の地名には、このほかにもさまざまなものがあります。**ハケ**・**バッケ**の仲間には、**ホキ**・**ホケ**・**ボケ**があり、徳島《とくしま》県の大歩危《おおぼけ》・小《こ》歩危《ぼけ》は、平家《へいけ》の落人《おちうど》伝説③で知られています。

▲大歩危《おおぼけ》・小歩危《こぼけ》（徳島《とくしま》県三好《みよし》市）

さがしてみよう　きみの近くのこんな地名　【ハケ、ママ、ホキ、カケ、ハバなど】

北海道	苫前町《とままえちょう》	**力昼《りきびる》**	石川県	金沢市《かなざわ》	**羽場《はば》**	岡山県	和気町《わけちょう》	**保木《ほき》**
青森県	鰺ヶ沢町《あじがさわまち》	**八景森《はっけいもり》**	福井県	勝山市《かつやま》・永平寺町《えいへいじちょう》	**七里壁《しちりかべ》**	広島県	広島市《ひろしま》	**発喜山《ほっきざん》**
岩手県	盛岡市《もりおか》	**八卦《はっけ》**	山梨県	南《みなみ》アルプス市	**大崖頭山《おおがれあたまやま》**	山口県	下関市《しものせき》	**上保木《かみほき》**
宮城県	登米市《とめ》	**川欠《かわがけ》**	長野県	東御市《とうみ》	**羽毛田《はけた》**	徳島県	つるぎ町《ちょう》	**白滝山《しらたきさん》**
秋田県	由利本荘市《ゆりほんじょう》	**ハケノ下《した》**	岐阜県	高山市《たかやま》	**保木《ほき》**	香川県	坂出市《さかいで》・丸亀市《まるがめ》	**額坂峠《がくざかとうげ》**
山形県	長井市《ながい》	**八景《はっけい》**	静岡県	富士市《ふじ》	**壗下町《ましたちょう》**	愛媛県	宇和島市《うわじま》	**保木《ほき》**
福島県	福島市《ふくしま》	**八景《はっけい》**	愛知県	小牧市《こまき》	**間々《まま》**	高知県	高知市《こうち》	**万々《まま》**
茨城県	大洗町《おおあらいまち》	**浜欠《はまがけ》**	三重県	桑名市《くわな》	**間々《まま》**	福岡県	うきは市	**保木《ほき》**
栃木県	小山市《おやま》	**間々田《ままだ》**	滋賀県	高島市《たかしま》	**能家《のうげ》**	佐賀県	唐津市《からつ》	**岸岳《きしだけ》**
群馬県	前橋市《まえばし》	**端気《はけ》**	京都府	京都市《きょうと》	**欠《かけ》ノ上町《うえまち》**	長崎県	島原市《しまばら》	**崩山町《くえやままち》**
埼玉県	熊谷市《くまがや》	**間々田《ままだ》**	大阪府	大阪市《おおさか》	**口縄坂《くちなわざか》**	熊本県	熊本市《くまもと》	**八景水谷《はけのみや》**
千葉県	多古町《たこまち》	**儘田《ままだ》**	兵庫県	市川町《いちかわちょう》	**保喜《ほき》**	大分県	大分市《おおいた》	**左義長崖《さぎちょうがい》**
東京都	日《ひ》の出町《でまち》	**三吉野欠下《みよしのはけした》**	奈良県	五條市《ごじょう》	**滝《たき》**	宮崎県	延岡市《のべおか》	**だき山《やま》**
神奈川県	相模原市《さがみはら》	**八景《はけ》**	和歌山県	有田市《ありだ》	**小豆島《あずしま》**	鹿児島県	鹿児島市《かごしま》・姶良市《あいら》	**赤崩山《あかくれやま》**
新潟県	十日町市《とおかまち》	**白羽毛《しらはけ》**	鳥取県	三朝町《みささちょう》	**大瀬《おおせ》ボウキ**	沖縄県	国頭村《くにがみそん》	**茅打《かやうち》バンタ**
富山県	氷見市《ひみ》	**赤毛《あかげ》**	島根県	西ノ島町《にしのしまちょう》	**摩天崖《まてんがい》**		＊市町村名は2011年1月1日現在《げんざい》	

③【平家《へいけ》の落人伝説《おちうど》】…平安《へいあん》時代末期、源氏《げんじ》との戦いに敗れた平家方《へいけがた》の人びとが、追っ手を逃《のが》れて山や谷の奥《おく》深くに隠《かく》れ住んだという伝説。全国の100カ所以上で、こうした伝説が語《かた》り継《つ》がれている。

著者

黒田《くろだ》 祐一《ゆういち》

国立松江工業高等専門学校教授

1959年、島根県松江市生まれ。東京大学大学院（理学系研究科・地理学専攻）修了。日本地名研究所を経て現職。全国に分布する地名について共通する特色を読み解くこと、また地名を通じて、人々がどのように周囲の世界を認識してきたかを探るアプローチを続けている。

★企画・編集 ―― 戸谷龍明（リベロ社）
小峰紀雄・渡邊　航（以上小峰書店）

★装幀・デザイン ―― 西須幸栄

★校　正 ―― 三秀舎 制作校正室

★イラスト ―― 関口たか広・西須幸栄

★図　版 ―― 黒田祐一・オフィス ぴゅーま

＊11ページ上、27ページ下、30ページ中、33ページ下の立体的な地形図は、杉本智彦氏作成のソフト「カシミール3D」を利用して作図しました。

【写真協力（敬称略，順不同）】
環境省足摺宇和海国立公園ホームページ／長野県木島平村情報係／新潟県糸魚川市／中房温泉株式会社・岡野健／釧路市動物園／島根県桜江町桑茶生産組合／社団法人山形県観光物産協会／国土交通省中部地方整備局／国土交通省東北地方整備局青森河川国道事務所／曾根崎お初天神通り商店街／豊後高田市／さつま町商工観光課／青野悟／片品村観光協会／神奈川県西湘地域県政総合センター／アスペクト・システム有限会社／きまっし金沢／三好市／gonkappa／社団法人富山県観光連盟／財団法人淡海環境保全財団／東根市生活環境課／美祢市総合観光部／山梨県峡東建設事務所／秋山郷観光協会／大淞町コミュニティ推進協議会／神奈川県立生命の星・地球博物館

【おもな参考文献】吉田東伍『大日本地名辞書』（冨山房）／『角川日本地名大辞典』（角川書店）／『日本歴史地名大系』（平凡社）／『民俗地名語彙事典　上・下』（三一書房）／『日本方言辞典』（小学館）／『全国方言辞典』（東京堂出版）／『国史大辞典』（吉川弘文館）／『日本国語大辞典』（小学館）／『日本古典文学大系』（岩波書店）／池田末則『日本地名基礎辞典』（日本文芸社）／『日本民俗文化体系』（小学館）／谷川健一ほか『日本「歴史地名」総覧』（新人物往来社）／柳田国男『定本柳田国男集』（筑摩書房）／『総合日本民俗語彙』（平凡社）／加藤義成『修訂出雲国風土記参究』（今井書店）／吉野裕訳『風土記』（平凡社）／谷川健一『日本の地名』（岩波書店）／千葉徳爾『地名の民俗誌』（古今書院）／中村豊・岡本耕平『メンタルマップ入門』（古今書院）／応地利明『絵地図の世界像』（岩波書店）／片桐洋一『歌枕歌ことば辞典』（笠間書院）／馬場あき子『歌枕をたずねて』（角川書店）／辻原康夫『世界の地名ハンドブック』（三省堂）／史為楽『中国地名語源辞典』（上海辞書出版社）／林頫『地名史話』（国家出版社）／大石五雄『地名のルーツ in アメリカ』（オーエス出版社）／C・M・マシューズ『英語　地名の語源』（北星堂書店）／P.H.Reaney, *The Origin of English Place Names*（Routledge and Kegan Paul）／知里真志保『地名アイヌ語小辞典』（北海道出版企画センター）／山田秀三『アイヌ語地名の研究』（草風館）／海野一隆『地図に見る日本』（大修館書店）／『地図と文化』（地人書房）／『人と動物の日本史』（吉川弘文館）／上野智子『地名語彙の開く世界』（和泉書院）／吉野正敏『気候地名集成』（古今書院）／服部英雄『地名のたのしみ』（角川書店）／藤岡兼二郎『日本の地名』（講談社）／『南島の地名』（新星図書出版）／仲松弥秀『神と村』（伝統と現代社）／桑原公徳『地籍図』（学生社）／谷川健一編『現代「地名」考』（日本放送出版協会）／網野善彦『東と西の語る日本の歴史』（そしえて）／谷川彰英『地名を生かす社会科の授業』（黎明書房）／小川豊『災害と地名』（山海堂）／『新編相模国風土記稿』（雄山閣）／『新編武蔵風土記稿』（雄山閣）／楠原祐介・溝手理太郎『地名用語語源辞典』（東京堂出版）／鏡味完二・鏡味明克『地名の語源』（角川書店）／Edward Harrington, *The Meaning of English Place Names*（The Blackstaff Press）／鈴木棠三『中世なぞなぞ集』（岩波文庫）／『桜江町誌』／『鹿島町誌』――このほか地名関係資料や市町村誌など多数

【掲載した地形図・地勢図】11ページ…2万5千分の1「茶臼岳」〔平成13年修正測量〕／19ページ…2万5千分の1「驫木」〔平成10年改測〕／20ページ…2万5千分の1「川渡」〔平成13年修正測量〕／23ページ…5万分の1「鯖江」〔平成3年要部修正（境界）〕／24ページ…5万分の1「楯岡」〔平成11年要部修正〕／25ページ…2万5千分の1「小出」〔平成18年更新〕・2万5千分の1「五日町」〔平成19年更新〕／30ページ…2万5千分の1「岩佐」〔平成12年修正測量〕／32ページ…2万分の1フランス式彩色地図「東京府武蔵国南豊島郡代々木村荏原郡上目黒村近傍」〔明治13年12月〕／36ページ…2万5千分の1「大船山」〔平成19年更新〕／38ページ…2万5千分の1「武並」〔平成19年更新〕／40ページ…2万5千分の1「清洲」〔平成20年更新〕／43ページ右…2万5千分の1「大割野」〔平成18年更新〕／43ページ左…2万5千分の1「日詰」〔平成13年修正測量〕

身近な地名で知る日本

1 地名で知る自然

NDC290　44P　29×22cm

2011年4月5日　第1刷発行

●著　者：黒田祐一
●発行者：小峰紀雄
●発行所：株式会社 小峰書店　〒162-0066 東京都新宿区市谷台町4-15
電話 03-3357-3521　FAX 03-3357-1027
●印　刷：株式会社 三秀舎／●製　本：小髙製本工業株式会社

http://www.komineshoten.co.jp/　ISBN 978-4-338-26501-0

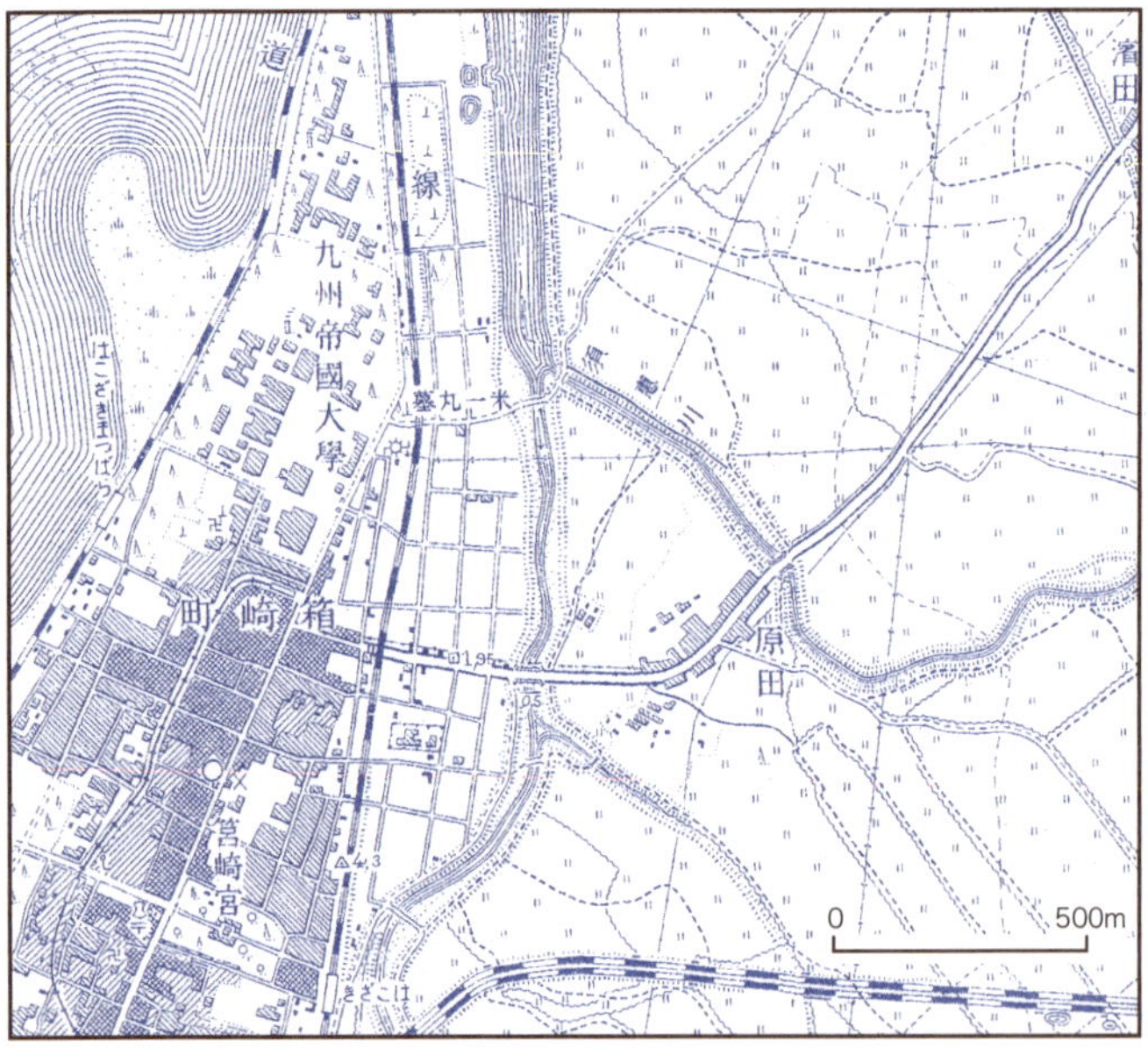

▲２万５千分の１「福岡」〔大正15年測図〕

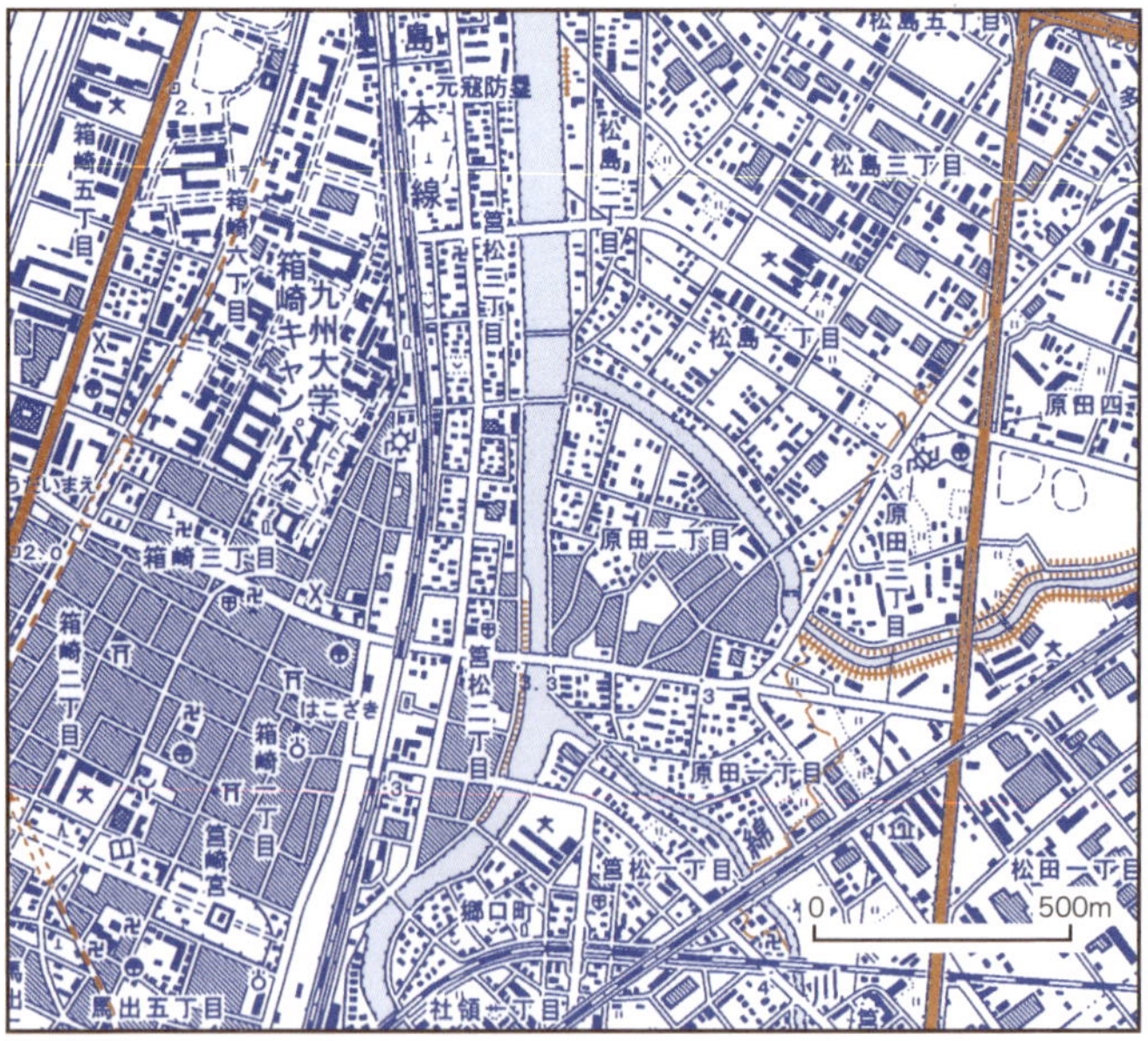

▲２万５千分の１「福岡」〔平成19年更新〕

昔の地形図を利用する

地形図は現地の変化に合わせて定期的に修正《しゅうせい》されています。古い地形図も保存されており、注文すれば買うことができます。

だいたいどの地域《ちいき》でも明治《めいじ》時代後半の地形図からありますから、いまの地形図と比較《ひかく》すれば地域《ちいき》の移《うつ》り変《か》わりを知ることができます（下のホームページで、地形図が場所ごとにいつ更新《こうしん》されたかを調べることができます）。とくに自然に人の手があまり加えられていない時代の地形図は、地名を理解《りかい》する上でとても役に立ちます。

上の２枚の同じ場所の地形図で、地形や、土地の利用のしかたがどう変化したのかを観察してみましょう。

●国土地理院HP「５万、２万５千分１地形図図歴」 http://www.gsi.go.jp/MAP/HISTORY/5-25-index5-25.html

もっと知りたければ…

◆インターネットで最新の地図を見る

国土地理院のホームページ「ウォッちず」で、全国の最新の地図を見ることができます。

調べたい地名を打ちこめば、全国、または都道府県ごとに、それがどこにあるかを検索《けんさく》できます。

●国土地理院HP「ウォッちず」 http://watchizu.gsi.go.jp/

◆空中写真を見る

空中写真とは、数千メートルの高度から地表面を垂直《すいちょく》に撮《と》った写真です。

等高線や記号はないので読むのがむずかしいですが、写真なので見ればわかるものもたくさんあります。

インターネットでは「Google《グーグル》 Earth《アース》」が有名ですが、国土地理院の空中写真閲覧《くうちゅうしゃしんえつらん》サイトでは過去《かこ》の空中写真も見ることができます。第二次世界大戦直後からの写真がほぼそろっており、昔のようすを知るのに役立ちます。

●国土地理院HP「国土変遷アーカイブ」 http://archive.gsi.go.jp/airphoto/